第一风景线
——高速入城口景观规划设计

The First Scenery— Landscape Planning and Design of Expressway Entrance

中国电建集团华东勘测设计研究院有限公司

汪洋　沈灵之　等　编著

中国水利水电出版社
www.waterpub.com.cn
·北京·

内 容 提 要

本书主要通过调查和分析入城口发展历程、归纳国内外入城口发展现状、提炼景观设计原理与方法、介绍具体设计步骤以及列举工程实例等方式归纳总结入城口景观设计要点。本书共分7章,内容包括绪论、高速入城口景观设计的历史沿革、我国高速入城口景观现状的调查分析、高速入城口景观设计原理和方法、高速入城口景观设计的步骤及注意事项、高速入城口景观设计案例分析、高速入城口景观未来发展趋势与展望。

本书适合从事城乡市政工程、景观规划设计、施工建设、运营管理等方面的技术人员和管理人员阅读参考。

图书在版编目（CIP）数据

第一风景线 : 高速入城口景观规划设计 / 汪洋等编著. -- 北京 : 中国水利水电出版社, 2021.8
ISBN 978-7-5170-9833-1

Ⅰ.①第… Ⅱ.①汪… Ⅲ.①高速公路－公路景观－景观规划－景观设计 Ⅳ.①U418.9

中国版本图书馆CIP数据核字(2021)第163266号

书　名	第一风景线——高速入城口景观规划设计 DI YI FENGJINGXIAN——GAOSU RUCHENGKOU JINGGUAN GUIHUA SHEJI
作　者	中国电建集团华东勘测设计研究院有限公司 汪洋　沈灵之　等　编著
出版发行	中国水利水电出版社 （北京市海淀区玉渊潭南路1号D座　100038） 网址：www.waterpub.com.cn E-mail: sales@mwr.gov.cn 电话：(010) 68545888（营销中心）
经　售	北京科水图书销售有限公司 电话：(010) 68545874、63202643 全国各地新华书店和相关出版物销售网点
排　版	北京金五环出版服务有限公司
印　刷	河北鑫彩博图印刷有限公司
规　格	260mm×250mm　12开本　14印张　420千字
版　次	2021年8月第1版　2021年8月第1次印刷
印　数	0001—1000册
定　价	258.00元

凡购买我社图书，如有缺页、倒页、脱页的，本社营销中心负责调换
版权所有·侵权必究

编 委 会

顾　问　吴关叶　徐美福　黄　璁　赵文冰　徐康安

主　编　汪　洋　沈灵之

副主编　叶晓敏　谢　云　孙　堃　傅　睿

编　委　陈　锋　忻　巧　杨竣凯　厉　莎　楼佳宁
　　　　　楼丽娜　游书航　朱珺怡　王　静　邹　豪
　　　　　程飞彪　胡　雄　陈　杰　张丽英　祝立炜
　　　　　林升龙　许毅超　谢雅妮　章丹峰

主编单位　中国电建集团华东勘测设计研究院有限公司

副主编单位　浙江农林大学暨阳学院

前　言

改革开放以来，我国的城市建设取得了丰硕成果，城市规模、城市品质快速提升。在这一快速的发展过程中，"千城一面"的问题屡见不鲜，各方有识之士强烈呼唤城市本身的辨识度和特色的彰显，这样的状态既真实又矛盾。

城市的问题系统而又复杂，我们把问题聚焦到"城市的辨识度"上，似乎能从中得到一些粗浅和直观的理解。我们找寻城市的第一印象，或者是第一风景（the first scenery），希望找到让人印象深刻的画面，尤其是城市美的画面和记忆。原生居民对城市的印象，是生活场所和情感，以及各种经历在大脑中交织而形成的综合记忆。而对于城市的访客或者初到者而言，第一风景，则是初来乍到之时，城市的空间环境快速形成的一种感官判断。破解城市"千城一面"，从"第一风景"入手，似乎也是一个解题思路的判断。

城市的"第一风景"有很多。从交通方式来做简单的判断，无论是高铁车站、飞机场，还是传统的汽车站和交通要道的入城口，都是从"他处"进入"这里"的情感分界线。由于不同的交通方式、场地特征、人流情况等，每一类城市的第一印象"窗口"各有特征。而高速入城口，作为机动车交通进入城市的门户，在机动车近年来爆发式增长的形势下获得更多的关注。匝道、收费站、绿地及城市主干道相结合，具有鲜明的特征和延续性，承载的城市印象更加充分，展示的城市印象更加多元，表达方式更加多样，所在场地也更容易被视为真正入城的那个情感交界点。

著名学者凯文·林奇先生在《城市意象》一书中对人的"城市感知"意象要素进行了较为深入的研究。他说："一个可读的城市，它的街区、标志或是道路，应该容易认知，进而组成一个完整的形态。"同时，他将城市意象中物质形态的研究内容归纳为道路、边界、区域、节点、标志物，这五大要素在城市研究领域有着较大的影响。当我们今天重新审视我们城市的"第一风景"时，高速入城口恰恰通过交通道路、绿地和建构筑物的组合，成为一个典型的能够展示"城市意象"的理想载体。

中国电建集团华东勘测设计研究院有限公司（以下简称"华东院"）在转型发展中快速向城乡建设方面深耕发展，在城市道路和入城口的设计和建设中积累了不少经验。从以简单覆绿和规则的模纹化设计到以2016年杭州G20时期系列入城口为标志的山水融合型入城口，直至今日更加突出生态化和以人为本，在公园城市理念下综合统筹城市功能的多元复合型入城口形态，我们一直在持续思考和探索城市"第一风景线"的内涵和营建模式。

我们认为，城市第一风景必然是生态文明建设的充分体现。党的十八大以来，我们对生态文明建设和生态环境保护的认识上升到新的高度，为努力建设美丽中国，实现中华民族永续发展，走向社会主义生态文明新时代，有了更加明确的前进方向和实现路径。城市是人在自然界中的聚居集合，不能违背自然的生态规律。入城口区域交织了城市复杂的功能，通常又有较大体量的防护绿地作为缓冲和过渡。生态、城市、人居三位一体，生态文明在城市入城口设计中显得尤为重要。

我们认为，城市第一风景要突出以人民为中心。人是城市生活的主体，良好的环境和视觉要素的规划建设，都是基于其中"人"的需求，无论是安居乐业的居民，还是行色匆匆的过客，都可以在其中收获更多的幸福喜悦。以人的需求出发思考城市入城口的建设要求，参考马斯洛精神需求的分级，无论是基础的安全通行，还是视觉、印象提炼，又或是更高层次的休闲文化生活，在场地允许的前提下都应有相应的体现。

我们认为，城市第一风景要突出彰显地域文化特色。各城精彩，应有各地风韵。尤其是入城口本身作为城市名片和宣传窗口，需要将城市精神和文化底蕴凝练，纳无形为有相，能在快速通过的短暂时间内将城市元素和精髓展示，并且能在行进中记忆。

我们认为，城市第一风景的载体不仅仅是红线范围内的匝道和绿地，而是区域和城市融合发展的有机整体。人的思想和视线是连续的空间时间记忆组成，没有限定的红线范围。高速入城口连接城市主要干道、周边的城市空间、建筑形态、城市标志和夜景展示等，都是城市第一风景的重要组成，共同对入城者的思想产生连续作用。空间融合，统筹应用，将整体印象和概念进行延伸，城市的印象才能在时间和空间上得以延续。

我们认为，城市第一风景，必须统筹考虑未来发展的蓝图和展望。高速入城口由于交通组织、时速和相应转弯半径的要求，往往占据了较大的城市用地空间。在城市集约化发展和空间要素不断精细化应用的当下，入城口设计必须为未来的发展预留空间。结合周边土地性质和用地规划，适当地进行留白设计，同时充分应用景观装置艺术进行系统提升，能为城市第一风景营造"本质+印象""时间+空间"的多重效果。

我们认为，城市第一风景也应充分结合科技发展，眼前的风景也是时代的风景。无论是在设计、建设，还是在运营管理上，又或是在科技应用的形象展示上，第一风景展示的内容应该符合当前时代的科技发展要求。体现时代进步永远是不变的主题，设计应充分应用全过程控制、全要素综合、全生命周期管控的原则，将体现时代进步的智慧城市、数字孪生、三新技术应用等全面融合到入城口设计中，成为充分展示城市澎湃活力的理想载体。

这样的城市第一风景，才是真实而不矛盾。通过这样的破题方式，我们一点点前进，在城市双修、有机更新、文脉延续等方面解决更复杂问题。也是这样一点点的思考和进步，我们这代人面临的"千城一面"问题也许能够得到抽丝剥茧般的"渐露真容"。这是个庞大而系统的工程。我们有幸一直参与其中，也希望我们的微薄浅显经验，能够在这样的思考中发出一点点声音，能让"第一风景"更美，印象也更为深刻。

本书适合从事城乡市政工程、景观规划设计、施工建设、运营管理等方面的技术人员和管理人员阅读。我们期望能够以实际行动更好地推进生态文明建设，实现绿水青山理念，践行生态发展观，同时为未来发展预留空间。本书在编写过程中获得华东院城乡建筑工程院"入城口景观规划设计研究及未来建设模式探索"课题（KY2020-JZ-22）的支持，也获得华东院相关部门和专家的支持和指导，尤其感谢城乡建筑工程院、市政交通工程院一起参与高速入城口设计的各位同仁的共同努力。茅惠惠、俞芸、孙凯、王丹颖、张涛、陈连贵、潘洋洋、谭文禄、庞立峰、周玉梅、俞悦琦、金利华、宋俊、李金、陈晓宁、张敏、陈丁力、袁金霖、盛辉、潘亚成、陈峻、孙茂青、李俊龙、陈仁慧、葛悦、杨臻、俎海发、邹远怀、丁奕欣等各位同仁在本书的编著过程中提供了大量真实有效的素材，另外在编写过程中参考和引用了相关文献和技术资料，在此一并表示感谢。

由于编者编纂时间有限，限于理论认知水平，书中难免存在不足之处，敬请读者及行业专家批评指正。

2021 年 5 月

目 录

前言

1 绪论 ·· 001
1.1 高速入城口的基本概念 ·················· 002
1.2 高速入城口的特征 ······················· 004
1.3 高速入城口景观设计的重要作用 ······· 007

2 高速入城口景观设计的历史沿革 ·········· 011
2.1 国外高速入城口景观的发展历程 ······· 012
2.2 我国高速入城口景观的发展历程 ······· 015

3 我国高速入城口景观现状的调查分析 ····· 019
3.1 我国高速入城口景观现状调查 ·········· 020
3.2 我国高速入城口景观类型的划分 ······· 053
3.3 我国高速入城口存在的问题 ············ 054

4 高速入城口景观设计原理和方法 ·········· 057
4.1 高速入城口景观设计的生态学原理 ····· 058
4.2 高速入城口景观设计的美学原理 ······· 060
4.3 高速入城口景观设计的基本原则 ······· 067
4.4 高速入城口景观元素 ····················· 069
4.5 高速入城口景观设计的艺术手法 ······· 071
4.6 高速入城口景观设计的方法和注意事项 ·· 080

5 高速入城口景观设计的步骤及注意事项 ··· 085
5.1 高速入城口景观设计的步骤 ············ 086
5.2 分阶段关注重点和建议 ·················· 086
5.3 高速入城口景观设计关注要点汇总 ····· 092

6 高速入城口景观设计案例分析 ············ 095
6.1 案例一：迎宾公园——杭州余杭沪杭高速临平入城口景观工程 ··· 096
6.2 案例二：线性门户——杭州南入城口景观改造提升工程 ········ 106
6.3 案例三：枢纽门户——杭州绕城高速留下入城口景观工程 ····· 110
6.4 案例四：人文大道——衢州锦西大道景观工程 ················ 120
6.5 案例五：生态之门——金丽温高速丽水西入城口景观工程 ····· 129
6.6 案例六：禅茶意境——杭长高速径山入城口景观工程 ········· 133

7 高速入城口景观未来发展趋势与展望 ······ 149
7.1 个性与美学互补，共同展现城市综合形象 ··· 150
7.2 自然要素与文化特征协同发挥城市价值 ····· 150
7.3 低碳和可持续发展成为核心理念 ············ 151
7.4 多专业和功能的结合，充分融入城市大生态系统 ··· 151
7.5 乡村振兴和城乡一体化发展的重要助力 ····· 152
7.6 智能化和数字化的高速入城口景观 ·········· 152

参考文献 ·· 153

1 绪论

随着社会经济发展和人类文明进步，现代城市远远突破了过去城墙、城门、门户的范围，入城口的概念也发生深刻变化。特别是高速公路的快速发展，使入城口的形式和功能发生了彻底改变。

1.1 高速入城口的基本概念

1.1.1 入城口的概念

入城口，简单而言是指城市的入口。关于入城口的概念有很多说法，最初入城口指的是城市之门，是"城市的门户"；随着社会经济的深刻嬗变，入城口被视为是划分城乡的边界，标志出城市的范围和形态，入城口是作为城市边缘"区域"或者"地带"的重要组成部分；也有人认为入城口是城市节点，具有节点的特征，是由一个具有典型标识性的场所构成。这些概念各有侧重。

当前，城市入城口的内涵、外延均发生了深刻变化。公路入城口（含高速公路入城口）、火车（高铁）站、机场、码头等都是入城口，包括光纤信息也有接入、传输的入城口。因此，入城口是作为空间界定的标志和交通要塞而存在于城市与非城市之间的，亦即存在于作为相对独立的社会生态系统的城市与周围生存环境之间，用以交换人流、物流、信息流，并供人类活动的城市空间单位。入城口不仅只是一条"界"，也不仅是一个交接点或者节点，而是由多种要素共同组合而成的穿越性的过渡转换空间。它不再为城市所独有，既是城市公共空间的一部分，也是城乡结合及自然空间的一部分。

1.1.2 高速入城口的概念

随着当前高速公路的快速发展、现代科技突飞猛进、城市规模快速扩张，人的物质和精神需求急剧变化，高速入城口作为最活跃的交通节点成为现代城市的第一道风景线。入城口也不再局限于城市门户自身的转换空间，以及高速公路枢纽与城市边界的交点。它不仅仅是具有"界定标志"和"流通"内涵的城乡融合的窗口和纽带，还是高速公路与城市道路交汇而形成的一个区域空间，承载着城市和区域双重职能，具有区域型经济服务中心的职能，是通过与城市道路、生态环境、经济发展、地域文化及城市形象等因素综合起来的多功能城市空间。不仅能承载城市文化和历史，增加城市特色和吸引力，还能为城乡区域带来繁荣与活力。由此，高速入城口越来越引起人们的重视与关注。2016年杭州G20峰会前夕，杭州集中整治33个公路入城口，其中31个是高速入城口，只有两个是国道入口（图1.1）。

高速入城口，可以分为狭义和广义两种。狭义的高速入城口就是门户节点，范围一般包括：上下高速匝道、收费站、入城道路等；由道路、收费站构筑物、周围绿地环境等共同构成的入城口空间，拥有独特的功能需求与环境背景。广义的高速入城口是城市门户区域空间，是城市的有机组成部分，是一个较为完整的城市空间，由狭义的高速入城口与城市周边功能区相关联、整合形成的相对完整的城市空间组团；是城市与外界环境之间进行物质、能量、信息交流并可以从中感受城市特征的一个过渡区域空间。

高速入城口景观规划设计研究是生态文明建设和美丽中国背景下的一个新兴课题，也是城市精神文明发展和社会进步与物质文明快速建设相适应的发展趋势。目前大多城市面貌相似，无明显地域特征和文化特性。人们逐渐重视高速入城口的环境建设，认识到高速入城口不仅是安全通道，还能使人们对城市产生认同感和归属感，是城市印象构建举足轻重的组成部分，对建设、保护和管理一个美观的、具有鲜明地方性和文化性的城市环境，创造美好的城市生活、维持特色的城乡景观与生态环境具有十分现实而重要的意义。

1.1.3 城市的第一风景线

风景线，在《现代汉语词典》（第5版）中的释义是"供游览的风景优美的狭长地带，多比喻某种景观、景象"引出的例句是"街头秧歌表演已成为都市里一道亮丽的风景线"。因此，风景线指的是供观赏的自然风光、景

图 1.1 杭长高速径山入城口

物，包括自然景观和人文景观。

城市风景线，参照上述释义，指的是城市中具有观赏、文化或科学价值的地貌、森林、动植物、江河湖泊湿地景观、天文气象（如钱塘江大潮等）、历史建筑或遗址等自然景观和人文景观、风土人情。关于城市第一风景线，学术文献所载的仅有2015年福州市津泰路的立体改造被称之为"第一风景线"。事实上，厘清或者确立城市第一风景线，对于提升城市品位和城市吸引力，具有独特的价值。

城市的第一风景线，我们认为首先指的是城市的出入口、门面和城市的边界，是指人们进入城市看到的第一印象，是人们感知城市的起点，是向人们开启城市空间、山水景观、历史文化、城市风貌特征和内涵的第一扇大门，不仅给人们视觉上的感受，还能引起人们心理思维活动，从而获得城市本质特征、城市形象和深层内涵的初步认知。作为现代城市最重要的线性入城区域空间，高速入城口正因为有收费站这一"门"的形式，而具有了强烈的空间转折感和城市边界感，给人一种"打开城市大门"和穿越边界的感觉，向人们展示出城市的第一道风景线。由于有了"门"的存在，高速入城口使人们明显感觉到从一个区域进入了另一个区域，城市第一风景线的独特性就被加强突出，从而变得更加生动活泼。

1.2 高速入城口的特征

随着城市的发展和开放，入城口已经从"界""节点"演变成为从乡村到城市的过渡区域空间，入城过程演变成了过渡以及穿越整个区域空间的过程。高速入城口是以高速枢纽和收费站为核心，以城市和乡村为背景的一片区域空间，既有"门"的意蕴，又承载了区域服务的功能。因此，与普通道路和其他入城口一样，高速入城口也具有明确的起点和终点、清晰的方向性、独特的可识别性、景观的连续性、有致的序列性、范围的边缘性、城市的代表性、交通的引导性等共同特点。

1.2.1 高速入城口的标志性

高速入城口作为一种界定标志，具有显著的标识意义。标志不仅能突出显示城市与城市之间以及城市与乡村之间的地域界限，还可彰显出城乡特色与个性。因此，标志性是判定高速入城口存在价值的重要标准之一，也是入城口与城市其他空间形态相区别的标志之一。

高速入城口可以在结合场地的气候特征、地形地貌及空间形态的基础上，灵活应用收费站以及其他构筑物、标志性雕塑、大型立交桥、桥梁等要素，构成极具特色的标志。作为构筑物的收费站和标志雕塑因为优越的区位和独特的造型，往往能成为视觉焦点，其中城市标志性雕塑往往因创作条件的宽松、文化主题范围的广泛与布置的灵活，成为高速入城口空间中具有高度统摄力的标志物。

1.2.2 高速入城口的特色性

在漫长的历史演进过程中，每个城市都有自己鲜明的地域特征、社会经济特色、文化内涵、精神气质、历史传承和城市个性。因此，每个城市都有自己的个性特色，与其他城市相互区别。高速入城口是彰显城市个性与特色的有效地段，是表现城市文化生活和城市面貌的"第一风景线"。沿着高速入城口廊道有节奏地组织能体现城市地域文化和个性特色的标志物、建筑、山体、立交桥、高架路、雕塑与标识、绿化景观和水体等元素，配合具有个性且设计感鲜明的广告以及夜景照明、街道家具，乃至地面铺装等，形成表达城市个性特色的景观意象体系。当人们沿着高速入城道路运动时，一系列具有强烈"性格特征"的空间序列迎面而来，"起、承、转、合"，各空间单元之间相对开敞，首尾呼应，层次错落，相互交融，产生景观意象的流溢与渗透，便能形成主题鲜明、风格突出的入城口形象。

1.2.3 高速入城口的文化性

城市文化是历史的积淀，存留于城市和建筑中，融汇在人们的生活里，对城市的建造、市民的观念和行为起着无形的影响，传达了城市建筑、地域特色、民族风情以及人们行为特征、生活方式、风俗习惯和价值观，成为城市和建筑的灵魂。

高速入城口是城市文化的展示窗口，传递着城市的文化特质和内涵，昭示着城市的文明发达程度。"一方水土养一方人"，城市养育了人们，人类的观念也对城市产生了巨大的影响。沙旦宁说："让我看看你的城市，就知道这里的人们在追求什么。"作为城市的重要组成部分，高速入城口对解读一个城市的传统历史和独特的文化特质与内涵起着重要作用，高速入城口景观特征势必会反映城市自身的文化背景（图1.2、图1.3）。

图1.2 杭州余杭沪杭高速临平入城口公园局部鸟瞰图(一)

图1.3 杭州余杭沪杭高速临平入城口公园局部鸟瞰图(二)

1.2.4 高速入城口的发展性

我国城市化进程加快，城市的扩张和形态变化处于一个不断生长、新老交替的连续的发展过程中。城市景观与空间形态的演化表现在"空间"和"时间"的两个维度上：在任何一个时间片段，城市都有着自己独特的景观、空间形态和文化存在，以及只属于当地的文化记忆。所以，高速入城口既要考虑城市的"过去时"，也要考虑"现在时"的应用以及对于"未来时"的追求。高速入城口随着城市的不断发展，将成为城市的年轮，在传承并延续城市历史文脉的同时，也不断接受当代新科技、新生活方式和外来文化的影响，以及人们不断变化的审美倾向，顺应新的文化潮流，进行各个要素的整合利用和革新创造。

1.2.5 高速入城口的速度性

高速入城口的人流、物流、能量流以及信息流最为频繁和快速，高流动性导致行人在快速移动中感知入城口景观的变化，与站立不动时看到的情景是大不相同的。因此，需要在高速入城口创造适应"速度尺度"的空间形态，将不同构成要素串联在一起，构成有秩序的、连续的、和谐的整体，给移动中的人们以丰富的视觉和心理感受；同时对于附近居民，这里又需要为他们提供多种社会生活的空间——"慢速尺度"或"生活尺度"，面对以上双重需求需要"双重尺度"来与之适应。

道路景观对车速要求是基于人在前进中的视觉体验，而生活性道路景观设计则以低速为主，主要从步行者的视觉感知出发。而在车行环境下由于车速较快导致人的视觉感知发生变化，道路两侧物体的移动速度较快，无法形成清晰准确记忆。道路两侧景物相对观察者视觉运动速度更快，因此，只有将人与景物的距离拉大，才能有效保证有足够距离看清景物的细节。通常做法是将道路的宽度加大以增加景观空间观察区域。在步行道路景观设计中，要求道路景观空间紧凑，能够引导人的注意力，并且能近距离把握景物细节。因此，不同交通环境下的城市道路，应视其景观的空间尺度和个性特征对景观格局区别对待。

1.2.6 高速入城口的生态性

高速入城口是城市绿地系统中极为重要的廊道系统，其景观建设对于完善城市的生态系统，创造出具有良好循环的可持续发展空间具有重要作用。高速入城口景观建设不仅仅是营造一片绿色环境，更是构建城市景观空间和修复生态系统的载体，强调景观与生态环境以及环境生态过程的协调，将入城口对环境的影响程度降低到最小，将乡村或者大自然充满生机和活力的生态绿色向城市延伸，将乡村田园或者自然生态景观引入高速入城口区域内，实现入城道路与城市中的其他绿地空间相互连接，使城乡生态系统形成有机的整体。

1.2.7 高速入城口的经济性

高速入城口是人流、物流、信息流进出城市、实现转换的节点。随着城市扩张和社会经济嬗变，高速入城口的便利性和城乡融合的综合功能更加突显。高速入城口区域的迎宾公园、文化商业广场、仓储物流中心等不断涌现，带活城市入口区域，形成带动城市经济发展新的增长点。因此，一些城市开始利用高速入城口的特殊位置考虑其经济功能的开发与利用。

1.2.8 高速入城口的多样性

高速入城口既有城市的功能，也有非城市的功能，交织了居住、工业、交通枢纽、商业、农业、旅游、办公、娱乐、自然生态用地等，形成了多种功能用地的汇集，呈现出功能多样化与复合化的趋势。除了担负物质、能量、信息交流出入口的汇集与疏散功能外，高速入城口还要满足人们多层次的心理需求，体现出对人的关怀与尊重，强调城市地域人文特征所赋予空间的"场所精神"与归属感，同时必须体现出城市的特征和形象，与使用者产生文化和情感信息的交流，使人们能够"阅读"并一定程度上理解城市。

城市是一个包括政治、经济、科技、人文、地理、历史等的复杂综合体，作为重要组成部分的高速入城口也必然由多方面要素组成，并涉及多种学科的穿插，如环境心理学、生态学、美学、文化学、城市设计、城市规划学和景观学等。因此，高速入城口景观研究是一个多学科相互交叉的研究新方向。

高速入城口的特征总结见表1.1。

表 1.1　高速入城口的特征

特征	特征概要
标志性	城市的代表性,不仅突出显示城市的地域界限,还可彰显出城乡特色与个性,是城市形象展示的窗口,是人们感知城市空间、山水资源、历史文化、城市特色和内涵的第一扇大门,是完善城市整体形象、意象和品质的关键环节
引导性	作为城市的出入口,具有交通功能和一定的指引功能,具有显著的引导空间
边缘性	大多高速入城口都位于城市的边界,具有范围的边缘性
动态性	城市的发展导致城市形态变化,城市的边界不断推陈出新和动态变化,具有由边缘地带逐渐演变为城市中的入城口的趋势
期待性	人们走进一个城市,会对入城口产生强烈的感受,希望和期待了解这个城市,会努力捕捉每个细节和瞬间,归纳出对这座城市的第一印象
特色性	是彰显城市个性与特色的最佳地段,是城市文化生活和城市面貌的"第一风景线",能体现出当地独有的美学特征
文化性	是城市文化的展示窗口,传递着城市的传统历史和独特的文化特质和内涵,浓缩了城市特有的性格与精神,是城市文化的缩略表达
速度性	高流动性导致入城口景观是在移动中被感知的,是一种在动态、快速和远距离方式下的"弱感官效应",具有视线运动变化的特点
生态性	绿地不仅起着隔绝噪声、降低尾气污染等生态作用,还是极为重要的绿色生态廊道,是城市绿地系统重要的组成部分
经济性	特殊的区位便利性和城乡融合的综合功能为高速公路入城口提供了较为全面的经济开发模式,形成带动城乡经济发展的新的增长点,承担着区域经济服务中心的职能
多样性	涉及多学科的穿插,呈现出功能的多样与综合化,以及景观复杂化、景观意象多样性的趋势

总之,高速入城口景观是一个新的研究方向,承载着多种学科元素,既是城市设计的一部分,也是城市形象的重要组成部分,它是城市道路美学基础上的拓展与深入,也是多个学科交叉融合的衍生物,其研究价值正在被相关行业所重视。

1.3　高速入城口景观设计的重要作用

随着城市社会、经济、信息的高速发展,城市面貌不断提升,城市居民对生活品质的追求也越来越高。现代化的高速入城口景观不能停留在满足交通需求的功能上,而是要追求更全面的社会效益,把功能、生态、景观、文化等多种元素串联起来,打造更具多元功能的入城口综合体。

1.3.1　高速入城口的功能

高速入城口景观规划设计是一个新兴的课题,是生态文明建设和美丽中国背景下城市精神文明发展与快速的物质文明建设相适应的发展趋势,是国土空间规划布局的新要求。高速公路带来了经济的繁荣和发展,是社会、经济、科技、文化、地理等的集中反映,是保证城市能够正常运转和向前发展的重要环节,对于创造美好的城市生活、独具特色的城市景观与生态环境具有十分现实而重要的意义。因此近年来很多城市开始注重城市形象和人文精神、保护并延续城市历史文脉,逐渐意识到作为窗口和纽带的高速入城口对城市的重要性,开始探索高速入城口的景观规划设计和建设。

(1) 提升交通品质,道路安全顺畅——交通功能。

人们对高速入城口道路在安全、速度、效率等各方面要求越来越高,同时也要求城市不断提升入城口交通的行车环境品质,因此高速入城口景观不但要改善城市的生态环境,还要组织交通,保障行车安全,为每一个使用者创造一个通畅优美、舒适、高品质的入口空间。

随着城市的发展,高速入城口和城市用地的关系更加紧密。许多入城口已经完全进入城市发展的核心地块。速度交通和城市其他交通在入城口区域存在更多交织的可能,在高速入城口的整体景观设计中统筹兼顾交通和周边环境的关系尤为重要。

（2）展示城市的窗口——标识功能。

高速入城口是城市的第一道风景线，在一定程度上展示着一个城市的第一形象，是展示城市形象的窗口，是人们对一个城市的感受和印象的开端，同时也是提高城市形象的重要组成部分，它作为进出城市的通道往往成为人们认识和解读该城市的一处重要场所。人们进入城市，普遍都会对入城口产生较强烈的感触，可以快速了解城市的地域特色文化、历史人文、自然地理以及城市精神面貌形象。城市形象生动或是贫乏、开放或是闭塞，或多或少都会在高速入城口这个环境平台中展现出来。

（3）完善城市整体形象和意象的关键环节——文化功能。

高速入城口景观在一定程度上以更加直接的方式展示城市形象，对完善城市整体印象起到重要作用。合理布局和提升高速入城口景观，能有效改善和丰富城市的整体环境，提高城市的环境品质，展示城市历史传承和文化内涵，表现出城市的地域特色、社会经济、民族风情以及人们行为特征、生活方式、风俗习惯和精神气质，为城市及周围区域带来活力与生机。因此，高速入城口的文化功能对高速入城口对城市意象完善起着至关重要的作用。

（4）城市廊道和城市生态系统的组成部分——生态功能。

高速入城口绿地景观是城市绿地系统的重要组成部分，是城乡生态系统的结合点与重要生长点，城市外部的自然生态系统在此有机地契入城市内部，成为城市廊道的重要组成部分，为城市引入新鲜空气，降低温室效应，在改善城乡生态环境方面起到了重要作用，对城乡生态系统优化具有重要意义。

我国的高速公路和城乡一体化建设步伐逐渐加快的同时，高速入城口周边的自然生态已经受到较大影响，噪声、尾气烟尘等环境污染日益严重。入城口的绿化能起到较好的生态保护作用，如遮阴、降低噪声、降低辐射热、调节和改善入城口环境小气候、保护路面、吸收粉尘和尾气，不仅美化了城乡、净化了空气，而且还增加了城乡的绿化覆盖率，为改善城乡生态环境起到了不可估量的作用。

（5）提升城市的品位和吸引力——景观功能。

近年来我国城市化进程快速推进，国内各大中小城市为了寻求发展，改善城市面貌和投资环境，提升城市的品位和吸引力，在城市建设方面做出巨大努力。高速入城口作为城市印象载体，塑造高速入城口形象，有助于提升城市的文化内涵，体现城市特色和独特魅力，提高城市的品位，体现生态和谐，强调人的心理认知与归属感，从而增加城市的吸引力。高速入城口景观的营造不但能改善城市的整体形象，还能提升城市的品位和吸引力，为城市带来活力与繁荣，彰显城市特色，展现城市独特的魅力和竞争力。

（6）提高城市的综合竞争力——综合功能。

随着现代社会经济的飞速发展，城市间的竞争也日趋激烈。高速入城口成为向外来者展示城市精华和特色的重要窗口，并承担迎宾的功能，以吸引旅游者和投资者。一个成功的高速入城口空间，不但高效集约地利用了土地，组织了完善的交通，营造一个多元空间，融入产业，实现综合效益产出最大化；不仅仅改善和丰富城乡环境，提高城市品质，还能为城市和环城市区域带来经济繁荣与活力，彰显出这个城市独特的竞争力；既能展示城市精华、特色和形象，还能满足生态功能；既是一个可持续经营的复合空间，还是一个为人们提供生活、工作、交通、游憩、文化娱乐的多功能空间。因此，高速入城口具有提高城市综合竞争力的综合功能。

高速入城口的功能概要见表1.2。

由此可见，一个成功的高速入城口是寻求城市形象展示、经济发展和功能使用的最佳契合点，是在遵循土地高效集约利用，促进产业融入，实现综合效益最大化的基础上，构建一个高效、集约化、多功能和可持续经营的生态复合型空间。在构建城市生态廊道的同时，还为人们提供了生活、工作、交通、游憩、文化娱乐的综合功能空间，是一个"城在园中"的理想环境，是一个具有高辨识度、人与自然和谐共处的美丽入城区域。

1.3.2 高速入城口与城市设计

城市设计一词出现在1950年，是一门关注城市规划布局、城市形象、城市意象、城镇功能，以及城市公共空间的学科，更加关注城市布局与市民精神的关系。城市形象和城市意象是城市设计的重要组成部分。城市形象是一个城市物质文明和精神文明的总和，体现城市整体化的精神与风貌，以及城市居民的整体价值观、精神面貌、文化水平等。城市意象是人们对城市经济、城市人居环境和城市文化等内在实力和外在形象的具体感知、总体看法和综合评价。对城市形象和城市意象感知的第一印象最为关键，即人们对高速入城口这一第一风景线的印象是城市设计的关键点，独特的地理位置、文化背景及其功能需求使高速入城口成为城市设计的重中之重。

著名学者凯文·林奇在《城市意象》一书中提到的组成城市意象的物

表1.2 高速入城口的功能

功能	功能概要
交通功能	高速公路入城口是汇集和分散人流、物流、信息流的交通枢纽，其基本功能就是合理组织内外交通，景观建设能提升交通品质
标识功能	作为城市第一标识和窗口，高速公路入城口是人们感知城市空间、山水景观、历史文化的重要窗口和引导者，是展示城市特色和内涵的第一扇大门，同时，通过指示牌、广告、路标等，强化各种融入和离开的过程感
文化功能	高速公路入城口能展示城市的历史传承和文化内涵，是完善城市整体形象和意象的关键环节
生态功能	高速公路入城口绿地景观有利于城市自然生态建设，改善城乡生态环境
景观功能	高速公路入城口空间是城市景观系统的起点，在一定程度上代表着城市的景观特质和地域特征，不但能改善城乡的整体形象，还能提升城市的品位和吸引力，为城市带来活力与繁荣，彰显城市特色
经济功能	城乡和城市间的交流与合作和各类经济活动使信息、货物、人流高度汇集的高速公路入城口成为城乡经济新的增长点，承担着区域经济服务中心的职能
综合功能	城乡居住、城市工业、城乡交通枢纽、城市商贸、都市农业、旅游休闲、办公、娱乐、自然生态用地等多功能交织

质形态主要有五种元素：道路、边界、区域、节点和标志物。作为城市设计第一关键点的高速入城口同样具有这五个要素，在形象上能直观反映城市的整体形象，也能成为一个城市历史文化积淀和社会文明的厚重载体，是城市空间的第一认知节点，是构成城市形象与意象的重要部分，人们经过高速入城口时便可"阅读"并在一定程度上感受这个城市的经济和社会发展程度，感觉到它的性质与规模，乃至城市的文化、特色精神与气质。因此，作为理想的城市形象和城市意象的高速入城口景观应具有明确的起点和终点、清晰的方向性、独特的识别性、景观的连续性、有致的序列性等特点。将城市整体的精神与风貌等特质予以提炼、升华，既能满足人们的期待和好奇，又能使人们感到愉悦，更能激励人们的家乡情怀和精神，从而给整个城市带来良性发展。由此可见，高速入城口的景观对城市设计起着至关重要的作用。

1.3.3 高速入城口与城市美学

城市美学属于美学范畴，主要研究城市、建筑、道路等领域的美学规律，是对城市文明与城市文化的理性探讨。高速入城口景观研究是城市美学的组成部分，有着特殊的审美性，是在城市道路美学基础上的拓展与深入。

高速入城口是快速交通的短暂转换通行过渡处，通过驾乘角度进行的审美方式是一种动态、快速和远距离方式，视觉感官效应属于"弱感官效应"，在此效应下，审美心理很难进入审美联想、审美想象、审美理解、审美情感和审美意象等。在这种情况下，诸如城市形象、城市特色和城市文化这类属于非审美直觉或者审美表象范畴的审美期望较难兑现。而高速入城口的景观风貌，浓缩了城市特有的性格与精神，展现着这座城市空间、文化、品质、特色以及自然景观之美，承载着从历史到现在，再展望未来的时空传递。在确保交通功能的基础上，将城市的审美期望通过风景的形式展现，不仅是美妙与和谐的城市风貌前奏曲，更有某种使人怦然心动的内质。

1.3.4 高速入城口与城市特色和性格

每个城市都有自己与众不同的地方，这就是城市的特色，城市文化景观与意象是城市生命力的体现，也是城市特色的重要表现。城市性格是指城市自身的形象和内涵。具有特殊文化品格和精神气质的城市，无疑是最具吸引力和令人难忘的，是城市活力与魅力之源。

高速入城口作为城市特色和性格体系的起始点之一，要充分考虑其作为"序幕"的预告和点题作用。因此，在高速入城口景观的设计中，需借助表现城市特色和城市性格的各种手法，如轴线、视觉走廊、路径等，构建美观的、具有鲜明地方性和文化性的高速入城口景观，展现城市活力和魅力。

1.3.5 高速入城口与城市经营

城市经营是指城市管理者运用价值规律,把城市资源、城市设施作为资本进行运作,吸引人才,使城市资源得到合理配置,使城市设施得到有效使用,让城市资源和城市设施所产生的效益最大化的过程。

高速入城口景观则是最重要的城市资源和资本,吸引人才、资本、产业等的关键要素就是良好的环境,在高速入城口景观设计中更加强调对人的关照、对生态的重视,营造一个能让人印象深刻、充满活力、有特色和性格的入城口空间,一个留得住人、注重自身空间意象和人文精神、保护并延续城市历史文脉的场景和空间,不仅是城乡生态系统中极为活跃的结合点与重要生长点,也是城乡人民生产、生活、交流的结合点。如杭长高速径山入城口的茶园就是集约高效和精准利用农业用地营造的一个乡村风味浓郁的生产型入城口空间,还有沪杭高速余杭临平入城口也是一个极具特色、多功能、融入市民生活和产业、实现园林综合效益产出最大化的美丽公园等,这些都是一种有效的城市经营方式。

高速入城口与城市各个学科的关系见表1.3。

表1.3 高速入城口与城市各个学科的关系

城市各个学科	关系概要
高速入城口与城市设计	高速入城口是人们充分感知城市意象的重要窗口,是城市设计的第一关键点,是城市设计的重中之重
高速入城口与城市美学	景观研究是城市美学的组成部分,高速入城口有着特殊的审美性,通过美化景观风貌满足人们对城市的审美期望
高速入城口与城市特色和城市性格	高速入城口景观是城市特色和性格体系的起始点,具有鲜明地方性和文化性的入城口是表现城市特色和城市性格重要窗口
高速入城口与城市经营	高速入城口景观是最重要的城市资源和资本,入城口能凭借标志性、特色性、文化性的设计为城市吸引人才、资本、产业

2 高速入城口景观设计的历史沿革

入城口的发展演变经历了古代封闭防御性的城门、近代意象性的节点、当代形形色色的交通性的通道，以及现代高速公路入城口占主导地位的多功能的区域空间。

2.1 国外高速入城口景观的发展历程

国外入城口的发展历程较为清晰，早期高速公路入城口的研究更多强调保护生态环境的要求，目前行业内还没有专门论述高速入城口的著作。

2.1.1 国外入城口景观的发展历程

（1）公元前后。

西方城市普遍追求一种理性的城市设计方法，已有较为正式的城市布局规划，存在明确的城市边界、明确的城市入口标志、清晰的城区范围。古罗马时期的城市注重防御，入城口更突出政治与军事意义，鲜有景观之要求。

（2）文艺复兴时期。

这一时期的人们开始尊重自然和人本主义，城市的形态采用自由活泼的不规则布局方式。城墙和城门在兼具原有政治、军事、交通等基本要求的同时，开始追求对自然、人文景观的营造。入城口往往既是城市美景的观赏点，也是城市空间结构体系和序列景观的起点：既可以是交通枢纽，也可以是一个广场。如17世纪巴洛克时期封丹纳规划的罗马的波波罗广场就是在城门口道路交错处设置广场，并在广场上安置方尖碑，既有景观作用，又突出入城口的地位。

（3）19世纪初。

随着工业革命的发展，交通工具飞速发展，城市快速蔓延，城市入口形态发生质的改变，城墙开始消失，边界逐渐变得模糊，不再有明确的边界和城门，城市内外差距减少。入城口不再只是一条"界"，也不只是一个交接点，而是一个过渡区。所以近代城市入城口既是物质、信息交流的交通枢纽，也是感受城市特征和城市文化的过渡区。

（4）现代。

城市比历史上的任何一个时期都要复杂和多变，形形色色的飞机、轮船、火车和汽车一刻不停地穿梭于城市与城市之间。在当前科技水平下，在众多的交通方式中，逐渐形成以高速公路为主导的交通模式。1932年德国修建了世界上第一条高速公路，对高速公路的生态环境进行研究的同时，对高速入城口也提出了保护生态环境的要求。在高速公路快速发展的当前时代里，人们交流方式及社会生活方式都有改变。高速入城口不仅要解决复杂的交通运输问题，还要满足新型的服务对象和多功能的需求，高速入城口的地位、运作方式、功能都发生了变化。

2.1.2 国外高速入城口研究现状

在国外特别是西方发达国家，对于高速入城口有较多研究。20世纪初期，西方发达国家兴起了以保护自然景观为目的的高速入城口生态景观设计，强调高速入城口与周围环境的融合，适度地加入人工景观，虽然还没有专门论述高速入城口景观的著作，但这些理论已经成为高速入城口景观设计的基础。

以德国为例，德国自20世纪初开始修建高速公路以来，就非常注重道路与周边环境的和谐与协调，并且在高速公路工程的实践中形成了相对系统的道路景观绿化理论。通过对道路的基本安全防护、景观绿化种植、对周边产生的噪声污染以及环境生态保护等采取相应的解决措施，来尽量减少道路景观对整个地区的环境、交通安全的不利影响。因此，在之后相当长的一段时间里德国城市的出入口道路与道路景观建设成为世界各国效仿的典范。

无独有偶，到20世纪中后期，美国高速公路的发展带动了道路环境景观质量的提升，简单的植物种植已不能满足人们对道路景观的需求，从而提出了高速公路景观环境建设的理论方法研究。美国在公路与环保的协调问题上，逐步将最小化对原始地形、地貌进行破坏的生态设计理念运用到公路的景观设计中。

2.1.3 国外高速入城口优秀案例

（1）墨尔本高速入城口。

由澳大利亚 DCM 公司创作的墨尔本入城口设计是非常成功的案例，该设计如今已经成为了墨尔本的标志。墨尔本高速入城口克雷吉波恩通道是由洲际区域进入墨尔本的主要入口。设计者成功地创造了一个过渡性的空间场所。这个场所主要有三组色彩明艳的景观构筑物：一是由弧形白色钢架包裹的高架桥通道；二是由蓝色钢柱组成的柱列；三是道路一侧的明黄色钢板形成的三维空间卷曲的"墙"。这三组构筑物形成丰富的空间层次和张力。当人们驾车通过时，既能体验到如"隧道"般的场所感，又能感受到柱列的错落，突出空间行进感；黄色钢板由桥下的"墙"逐渐转变为悬于桥上的"梁"，强调了界标的领域感。明艳的色彩运用加大了整个入口的标志作用。设计丰富了车流经过时的空间体验，实现"意识上的进入和离去"。设计师为墨尔本提供了一个雕塑化的入城口通道，使人们如同走过一个画廊，成为了该城市的标志性场所，如图 2.1 所示。

图 2.1 墨尔本高速入城口

（2）纽约曼哈顿西城高速入城口。

纽约曼哈顿西城高速入城口作为一个典型的入口空间，具有典型的信息时代特征，用地范围包括车站、港口、铁路、高速公路、住宅楼、办公楼、仓储地及小工厂。设计师埃森曼把沿宾夕法尼亚东站和路轨的五个地段当做一个整体，折扭出褶皱，并划成体块，遵守曼哈顿的格网，延续到哈德孙河边，一气呵成。

（3）巴西利亚入城口。

20 世纪的国外入城口设计中，最有代表性的是 1957 年设计的巴西新首都——巴西利亚入城口（图 2.2）。巴西著名建筑师 L. 科斯塔在巴西利亚的城市规划方案中，以国际现代建筑协会 CIAM 的《雅典宪章》为设计原则，将高速入城口布置在北面，设计了大型的立体交叉和快速干道与城市相连，交通功能非常强大，醒目地反映了入城口形式的变化。

但这种功能至上的观念割裂了城市有机体复杂的内在联系，高速入城口缺乏宜人的开放空间和适当公共建筑的围合，使行人只能作为匆匆的过客，缺乏凝聚力和人性的尺度，仅仅发挥了城市对外交通的出入口功能。

图 2.2 巴西利亚的入城口

（4）美国圣路易市西部入城口。

著名建筑师 E. 沙里宁设计的位于美国圣路易市的通向美国西部的"西进之门"，坐落在密西西比河畔，是美国向西开发的一个象征。这座弧形拱门已成为城市的标志与象征，也是 55 号州际高速公路的入城口的公园区域，是高速入城口实践的成功典型案例，如图 2.3 所示。

国外高速入城口特色对比见表 2.1。

表 2.1　国外高速入城口特色对比

高速入城口	特色
墨尔本高速入城口	强调了高速入城口的场所感、空间行进感、界标的领域感，成为一个雕塑化的入口通道
纽约曼哈顿西城高速入城口	强调了典型的信息时代高速入城口的整体性和区域性特征，将高速入城口用地范围周边的其他用地作为一个整体进行设计
巴西利亚的入城口	强调了高速入城口的交通特征，大型的立体交叉道路和快速干道成为最显著特征
美国圣路易市西部入城口	强调了高速入城口的标志性与文化象征性，用"拱门"的形态突出了通向美国西部的"西进之门"的历史文化

图 2.3　圣路易市通向美国西部的"西进之门"

2.2 我国高速入城口景观的发展历程

我国古代入城口脉络清晰，但近代发展较慢，区别不大，直到现代我国高速公路飞速发展，高速公路入城口很快取代了其他类型的入城口，成为我国目前占主导地位的入城口形式。

2.2.1 入城口的发展历程

（1）古代入城口。

城市入城口形态在我国古代已有之。《周礼·考工记》记载了周朝的都城制度："匠人营国，方九里，旁三门，国中九经九纬，经涂九轨，左祖右社，前朝后市，市朝一夫"，这也是有史记载的最早的城市制度。城楼、城墙以及吊桥、护城河和城门等城门系统共同构成了古代入城口的早期形态，是入城口的主要形式。城楼高耸于城墙之上，醒目且便于瞭望，为了控制人流的进出，入城口局限于一道城门之间，使城市与非城市的界限一目了然，因此，入城口的主要功能是"界定""防御"和入城通道（图 2.4）。

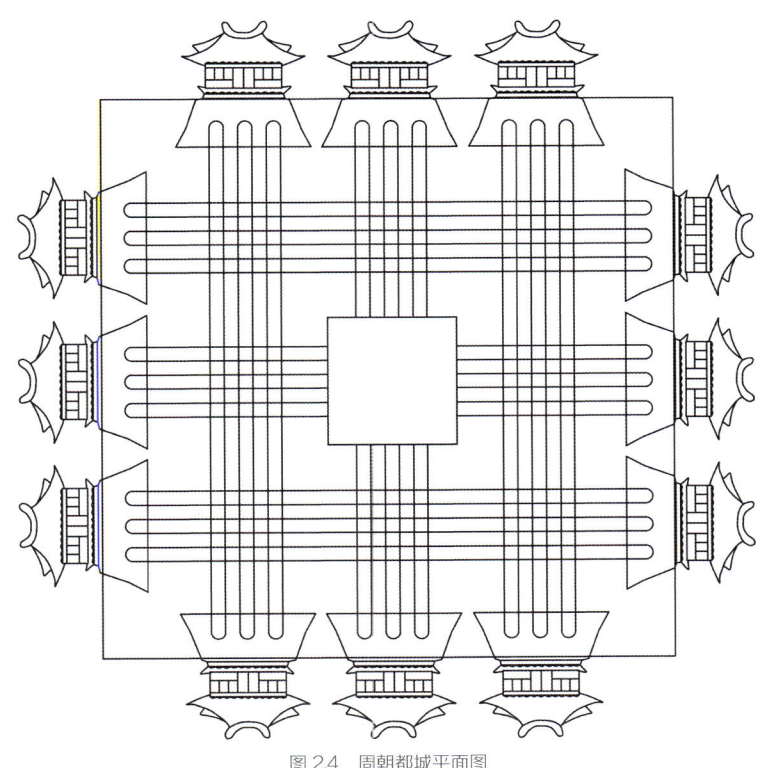

图 2.4　周朝都城平面图

很多入城口都建有瓮城，在增加城门的防御性的同时，扩大了入城口的范围，使进入城市的行为由一个动作变成了一个过程。可见在古代，入城口最主要的特点就是明确的边界、醒目的城门、突出的防御功能、代表秩序和理性的城市轴线等。直至明清，一直延续了这种特性。如明清时期北京城的城门都有瓮城，建有城楼和箭楼，对城门和宫门的数量、高、宽均有明确的规定，并确立三朝三门的制度。

（2）近代入城口。

近代是我国城市得到较快发展的时期，鸦片战争和帝国主义列强的侵入，刺激了我国近代工商业的发展，同时，现代航运、铁路、公路等新式交通方式的兴起，打破了中国传统城市的发展格局，带动了一大批传统城市向近代城市转型。上海、天津、武汉、广州、重庆等由中等城市发展为百万人口以上的特大城市，城市急速扩张，城墙所界定的传统意义上的城内和城外空间逐渐模糊，有些城墙从城外之墙变为城中之墙，有些城墙和城门逐渐被拆除，拆城筑路，城市"界"的形态越来越模糊，入城口已经成为一个多层次，复杂的系统。

（3）现代高速入城口。

我国高等级公路始建于20世纪80年代末，90年代起进入高速建设阶段。1988年10月31日，中国内地首条投入使用的高速公路——沪嘉高速公路建成通车。到1992年总里程才652公里；随后进入快速发展时期，2001年总里程达1.9万公里，位居世界第二；2019年年底，中国高速公路总里程已达14.96万公里，位居全球第一，而且收费站ETC全覆盖，大多人工收费车道支持移动支付等电子收费方式。我国高速正在利用5G技术促进高速公路智能化发展，高速公路作为国家重要的基础设施之一，对我国社会经济的发展起到了很大的促进作用。

现代高速入城口扩大了入城口的功能内涵和形式外延，入城口形象的体现形式由具体单一标志物向抽象复合多功能的区域转变：入城口不仅形象内涵逐渐丰富，而且功能趋于多元化；不仅是集中反映城市形象、建设理念和成就的窗口，更是城乡融合经济发展的活跃点；不仅改善了入城口的生态条件和环境质量，而且逐渐融入多种产业；不仅提高了城市的品质，增强了城市的综合实力和竞争力，还为居民提供了休闲、娱乐、健身、购物的场所。因此，入城口景观的重要性逐渐受到重视。

我国入城口的发展历程见表 2.2。

表 2.2　我国入城口的发展历程

时间阶段	阶段特点
古代入城口	形态主要为城楼、城墙以及吊桥、护城河和城门等城门系统；最主要的特点是明确的边界，醒目的城门，突出的防御功能
近代入城口	随着城市扩张，入城口形态逐渐转变，不再使用"门"式的结构，城市"界"的形态也越来越模糊，入城口开始演变为一个多层次、复杂的系统
现代高速入城口	在海陆空多种交通模式下，高速入城口已成为主要入城口形式，将移动网络技术与现代交通技术相结合，高速入城口已经成为了一个多元化的连接单位和复合多功能区域，而且成为了城乡融合发展的新的经济增长点

2.2.2　我国高速入城口的学术研究现状

我国关于城市入口（城市门户）的研究较多，但专门研究高速入城口的文章多以具体实例的规划设计为主，还没有形成完整、系统的理论成果。

（1）城市设计的理论研究现状。

20世纪80年代初，国内已经开始提出了城市设计的概念，目前关于城市设计的理论与方法的研究成果已比较丰富。王建国在1991年编写的《现代城市设计理论与方法》一书，是近年来国内对城市设计研究较为全面的一本论著，从专业的角度澄清并重新定义了现代城市设计的概念和相关领域，对现代城市设计的本质及其理论与应用方法的辩证关系进行了探寻。齐康主编的《城市建筑》和黄亚平编写的《城市空间理论与空间分析》等专著对城市设计的理论、方法也有大量论述，并对城市的开敞空间做了不少研究。清华大学王鹏博士编写的《城市公共空间的系统性研究》一书结合系统论对城市的公共空间，尤其是开敞空间做了较为完备的研究。

（2）入城口景观的理论研究现状。

随着西方城市设计思想被学术界引入，我国开始了道路美学和入城口景观形象的研究。1990年熊广忠编写的《城市道路美学》便是较早的一部论著，着重阐述了道路网与城市形象的关系，并指出"入城口道路是影响城市形象的第一因素"。20世纪90年代初期，埃德蒙的《城市设计》等相关论著中陆续出现了"入城口"一词，但是没有做专门的探讨研究分析。直到21世纪初，才开始出现专门研究入城口景观方面的学术论文，目前查找到的文献近100篇，以2001年李春梅编写的《城市入口景观初探》为开始。这些文献以入城口为研究对象，论述了城市入口的功能和形态的组成，城市入口景观设计的理念、各构成要素、必要性、原则、目标、思维方法、设计技巧、应注意的问题和解决方法。

（3）高速入城口的理论研究现状。

入城口形象成为城市形象建设的主要研究课题之一，逐步形成了一些科学的入城口景观形象设计理论，在上述研究入城口的文献中，有50多篇是以高速入城口景观规划设计为研究对象的，主要论述了高速入城口景观设计的理论、方法、构成要素、原则、方法、审美主题。这些观点的提出丰富和发展了高速入城口景观设计的理论体系。

2.2.3　我国高速入城口景观改造提升的实践现状

高速入城口具有独特的区位特性，很多城市都进行了入城口形象景观的改造实践。一些经济繁荣或城市建设活跃的城市，如北京、上海、广州、深圳、杭州、成都、佛山、青岛等，均已认识到入城口形象对城市发展的意义与作用，都进行过不同程度的入城口设计研究与实践。如佛山市对入城口景观标识进行概念性设计；2001年，青岛市对市北入口进行景观改造；2001年，成都市将机场高速路以及成渝、成绵、成华、成灌高速立交至二环段等入城口地段的环境整治作为政府的重点建设工程，进行系统、整体的规划设计；2002年杭州市将彭埠立交、大井立交、德胜路、机场路等9个入城口建设作为重点工程，以解决城市交通的紧张，提升城市的对外形象，且在2015年4月又启动33个入城口的整治工程，其中除了2个为铁路入城口外，其余31个都是高速入城口，主要分布在绕城、杭新景、杭金衢、沪杭甬、杭徽等高速公路上。

2.2.4 我国高速入城口景观提升建设的发展阶段

我国高等级公路始建于20世纪80年代末，对于这一领域的研究也开始于80年代。从那时至今，我国现代高速入城口景观建设分为以下四个发展阶段：

（1）1.0版本——萌芽阶段（20世纪80年代末到90年代初）。

由于我国城市基建不足，直到80年代末才开始建设高速公路，而高速入城口只是单纯的收费站通道，功能单一，没有景观方面的建设。80年代随着我国改革开放，城市进入快速发展阶段，道路交通等基础建设量迅猛增加。直到90年代初，我国高速公路才正式进入了建设阶段，1992年我国的高速公路有652公里，开始出现了道路绿化形式的高速入城口景观设计。虽然已开展了少数入城口道路的绿化设计方面的实践，但专门针对高速入城口景观的研究比较少，对入城口景观规划设计方面仍缺乏系统性和整体性研究，高速入口绿地面积普遍较小，并且结构单一。

（2）2.0版本——初级阶段（20世纪90年代初到2000年初）。

这个阶段我国高速公路跨越式发展，从1992年的652公里增加到2004年的3.3万公里，总里程仅次于美国，名列世界第二。高速公路建设促进了经济的繁荣，但也增加了生态系统的压力，植被和局部地貌被破坏、土壤侵蚀、景观或生态敏感区受到负面影响等诸多问题。因此，高速入城口的景观也开始有了大的建设和提升，但是这个阶段的高速入城口景观基本上是以展示和防护为主的封闭式的绿地。

（3）3.0版本——发展阶段（从2000年初到2016年）。

随着国内经济的发展、城市面貌的不断提升以及园林城市的建设，体现城市特色、改善城市面貌、美化城市环境日益成为本阶段城市建设的重点和目标。高速入城口作为城市内外交流的关键出入口，已经成为园林城市和山水城市建设的重要地段，高速入城口景观的设计和管理也越来越多地得到重视，我国高速入口景观进入了发展阶段。全国各个城市加大了对高速入城口景观整治和建设的工作力度，城市管理者也意识到高速入城口展示城市文化、形象和特色的重要性，不断加入新形式、新概念、新元素，虽还未完全形成体系，但已涌现出一种蓬勃发展的势态。

（4）4.0版本——成熟阶段（2016年之后）。

随着中国的综合实力与国际地位进一步提升，全新的发展理念也在全国各个领域扩展。以杭州2016年G20峰会前后整治的一批高速入城口为代表，将生态经济、民族自信、城市文化、市民生活等理念也融入到了高速入城口景观的发展之中。在这个阶段，高速入城口的绿化面积进一步扩大，功能也更加多样化。2018年习近平总书记视察成都时提出了"公园城市"的理念，之后相继出现了公园中的高速入城口、森林中的高速入城口等高度集约性多功能和综合性的高速入城口，使得高速入城口兼具城市公园的功能，既展示了城市的形象，也满足了市民的游憩、娱乐、健身等需求。商业、物流等产业的融入，促进了城乡融合和经济发展。入城口的生态条件、环境质量和城市品质都得到了提高，从而增强了城市的综合实力和竞争力。

我国高速入城口景观设计发展阶段见表2.3。

表2.3 我国高速入城口景观设计发展阶段

阶段	时间	特点
萌芽阶段	20世纪80年代末到90年代初	高速路里程短，入城口绿地面积较小，结构单一，高速入城口景观方面缺乏系统性和整体性研究
初级阶段	20世纪90年代初到2000年初	高速公路跨越式发展，高速总里程位居世界第二，但生态环境破坏严重，入城口景观基本上是展示和防护为主的封闭式绿地
发展阶段	2000年初到2016年	高速总里程位居世界第一，入城口景观得到重视，新概念，新元素融入，入城口景观质量飞速提升，入城口的展示功能得到拓展
成熟阶段	2016年之后	成为集约性的多功能生态复合型空间区域，兼具城市公园的功能，还促进城乡融合和经济发展。入城口的生态条件、环境质量和城市品质都得到了提高

3 我国高速入城口景观现状的调查分析

3.1 我国高速入城口景观现状调查

为更翔实客观地开展高速入城口景观规划设计研究，课题组对我国当前阶段较典型的 10 个高速入城口景观进行了调查与分析。

3.1.1 京哈高速北京白鹿入城口

京哈高速公路是国家高速公路网中 7 条首都放射线中的一条，起自北京市东四环路，终点至哈尔滨，全长约 1200 公里，是中国"两纵两横及三条重要路段"国道主干线路网规划中建成的第一条路，是沟通东北与华北的交通运输大动脉。课题调研的五方桥互通白鹿入城口对接京哈高速，位于北京东五环线路上，距北京市中心 10~15 公里，如图 3.1 所示。

白鹿高速收费站造型较为常规（图 3.2），位于互通东约 2 公里处，收费站南侧设有休息区、加油站等配套服务设施，及篮球场等简单的运动场地。北侧还有国家电网充电站、绿丰休闲公园等公共绿地（图 3.3），配有休闲游憩、遮风避雨的设施。

千年古都北京的城市风格大气醇和，五方桥互通区域结合北方大平原的地形地貌和北京城大气的城市特质，突出营造开阔大气的空间环境，构建中间通透、四周围合的总体空间布局。其中互通中心区总体视线开阔，以模纹色块为主。路侧是以混交林为主的防护绿地，前景为低矮亚乔木，背景为高大乔木，打造具有视觉引导性的线性道路景观空间（图 3.4）。场地地形总体较为平坦，少见缓坡塑形，局部结合沟渠进行自然放坡。植物种植突出自然、生态的植物群落景观特色，前景打开视线，预留草坪空间；近景局部点缀铺地柏等灌木；中景为紫叶李等观花小乔木；以雪松、白皮松、油松、黄山、栾树、国槐、椿树、旱柳、紫叶李等形成背景。借天空、田野为远景，从而形成多层次空间景观环境（图 3.5）。

互通区绿化以四周的路侧林带为背景，内部则运用不同颜色的植物

图 3.1 京哈高速北京白鹿入城口区位图

图 3.2 京哈高速北京白鹿入城口收费站

图 3.3 京哈高速北京白鹿绿丰休闲公园入口

搭配出模纹花坛图案，以金叶女贞、紫叶小檗、马蔺、五叶地锦、铺地柏等灌木搭配出黄、红、绿为主色调的模纹花坛，打造色彩丰富的视觉效果。道路沿线多种植较为低矮的开花亚乔木，如紫叶李、樱花等，背景为毛白杨、国槐、柳树等，通过高低层次及色彩的变化打造丰富的道路景观，如图3.6所示。

图3.4　京哈高速北京白鹿入城口五方桥互通鸟瞰图

图 3.6 京哈高速北京白鹿入城口道路沿线绿化现状

图 3.5 京哈高速北京白鹿入城口五方桥互通绿化现状

第一风景线——高速入城口景观规划设计 023

3.1.2 沪渝高速上海嘉松入城口

上海 G50 沪渝高速嘉松中路入城口位于上海市青浦区，是沪渝高速进入上海市青浦区主要入城口。调研内容包括景观绿化、夜景照明、入城口构筑物等，用地面积约 1 公顷。

嘉松入城口位于沪渝高速与嘉松中路相交立交东北方向，互通包含一个圆形匝道，一个苜蓿叶形匝道，下匝道后经嘉松中路连接青浦主城区，属于城市中的入城口。下匝道出收费站后道路直接连接嘉松中路，是连接青浦主城区必经道路。入城口周边区域地势平坦、湖荡群集、文化底蕴深厚，具有典型的江南水乡风貌。场地外围有上海元祖梦世界、百联奥特莱斯广场、喜来登酒店、居住小区、工业用地、村庄等用地。因此，作为城市中的高速入城口，存在周边地块用地性质复杂，城市功能多元化等特征（图 3.7、图 3.8）。

嘉松入城口整体地势总体较为平缓，以缓坡造型为主强调水陆交融，凸显出江南水乡的风韵。场地整体以连续协调、和谐统一的植物景观为主，使碎片化的周边掩映在统一协调的水乡环境里，营造出风格统一的舒适宜人空间，与周边复杂的社会、经济、文化、环境进行有机的结合（图 3.9、图 3.10）。

图 3.8 沪渝高速上海嘉松入城口全貌图

图 3.7 沪渝高速上海嘉松入城口区位图

图 3.9 沪渝高速上海嘉松入城口周围水系绿地环境实景

图 3.10　沪渝高速上海嘉松入城口全景鸟瞰实景

场地道路两侧绿化景观带面积较大，以片状林带形式种植。植物品种以乡土树种为主，乔木主要有湿地松、中山杉、枫香、榉树、乌桕、黄山栾树、无患子、香樟、香泡、朴树等；花灌木主要有红叶李、海滨木槿、紫薇、红枫、鸡爪槭、茶梅等；灌木地被主要有红叶石楠、红花檵木、金森女贞、毛鹃等；草本地被主要有兰花三七、大花萱草、花叶络石等（图3.11）。植被群落具有浓郁的乡土气息，群落结构稳定，层次分明，较好地体现了亚热带植被风貌。

3.1.3 上海绕城高速嘉定城区入城口

上海绕城高速公路（原名上海郊环高速公路），是中国大陆首条建成通车的高速公路，连接远郊的各座卫星城，而被命名为郊环。嘉定城区入城口位于沪嘉高速与上海绕城高速相交北侧500米方向。入城口互通为苜蓿叶形匝道，下匝道后经博乐南路、叶城路连接上海主城区以及嘉定区（图3.12、图3.13）。

（a）全貌图

图 3.11　沪渝高速上海嘉松入城口周围道路环境实景

（b）区位图

图 3.12　上海绕城高速嘉定城区入城口全貌图及区位图

图 3.13 上海绕城高速嘉定城区入城口交通状况现状

沪嘉高速入城口区域内地势平坦，依托城市环境的立地条件，与入城口周边的道路、用地相互映衬，局部微地形塑造，结合植物造景形成大尺度的带状绿廊。西侧地块是嘉定城区的核心区，东部是转型中的工业区。周边用地主要有爱里舍花园小区、嘉定区行政服务中心、嘉定规划设计院、嘉定区政府、待建用地等。入城口整体设计简洁大气，以大面积的草坪结合植物造景营造出简洁、现代大气的景观风貌，突出交通组织的安全性和地域文化特色，形成高辨识度的入城口景观形象。东侧绿地以大面积的草坪结合植物造景营造出简洁、现代、大气，高辨识度的入城口景观形象，将"诚信、友善、爱国、敬业、公正、法治、自由、平等、文明、和谐、富强、民主"等社会主义核心价值观的文化内涵融入雕塑进行表达，展现强烈的时代气息（图 3.14）。

叶城路的行道树为法国梧桐，机动车隔离带种植阵列种植水杉，绿化隔离带形式简洁、干净利落，虽然在纵向上缺乏绿化层次，行进方向缺乏韵律，但导向性强、清晰明了，秋季色彩丰富。高速防护带由常绿高大乔木作背景林带，观赏性略不足，部分地段没有防护绿化（图 3.15）。

现状苗木配置上以常绿以及乡土树种为主，常绿树种香樟、雪松、桂花等约占到总数的 60%，结合大面积的草坪，形成绿色画布一般的背景。混搭部分的色叶树及开花植物，春季樱花粉、秋有银杏黄，在整块绿色画布上点缀多样的色彩（图 3.16）。为城市中的高速入城口增添了大自然的气息。

图 3.14　上海绕城高速嘉定城区入城口周围环境实景

图 3.15　上海绕城高速嘉定城区入城口周围景观实景

图 3.16　上海绕城高速嘉定城区形象展示牌及周边绿化

3.1.4 成都绕城高速天府入城口

成都绕城高速天府入城口收费站出入口与红星路南延线连接,是绕城高速进入天府区的主要入城口,该入城口包含两个圆形匝道,长约1公里。收费站采用景观式钢制结构,共设9个收费亭,10个行车道,采用4进6出的方式(图3.17、图3.18)。

成都确立了建设"公园城市"的目标,并加快了建设公园城市的步伐。为了凸显"公园城市"的形象和理念,天府入城口景观环境氛围以"安逸、自在、悠闲"的生态气息为主,采用自然生态种植,以绿色为环境的基调,生态与景观完美结合,达到"人地合宜"的至臻境界。高速入城口以绿化优先,结合周边公园和道路,形成楔形的生态廊道插入城市空间,使廊道、斑块及基质等景观要素的数量及其空间分布合理。

图 3.17 成都绕城高速天府入城口交通现状

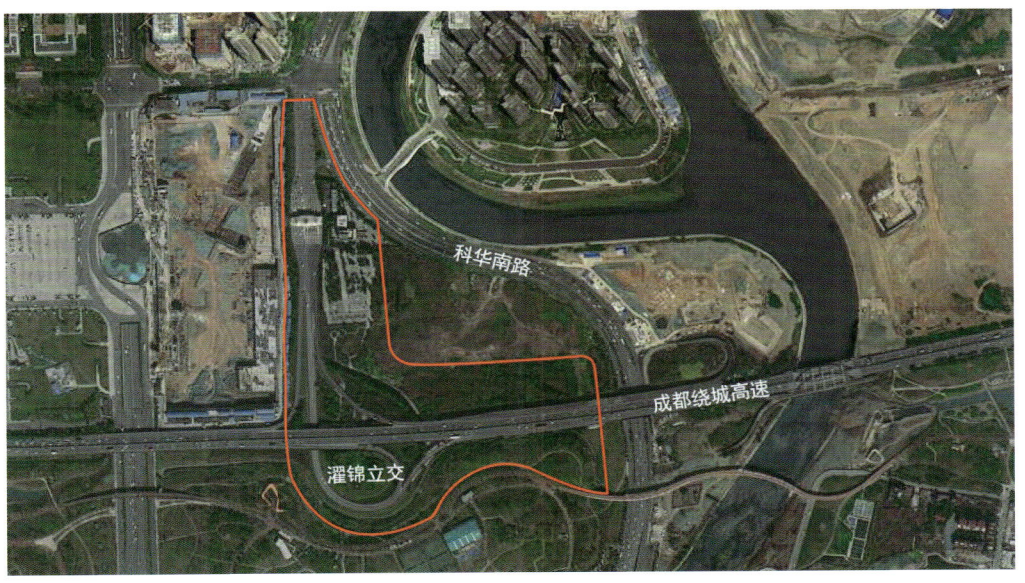

图 3.18 成都绕城高速天府入城口区位图

作为"公园城市"的入城口，成都绕城高速天府入城口是一个穿梭在公园中的入城口，紧邻锦城湖公园与桂溪生态公园，是公园绿道体系中的一个节点，既是天府绿道体系中重要的一环，又紧邻锦城绿道。锦城湖公园是成都市环市区六个湿地公园之一，可在公园绿道观景平台、节点看入城口整体风貌，可在绿道上多角度欣赏入城口。绿地与城市界面清晰，入城道路较短，下高速就是鲜明的城市风貌，高楼大厦迎面而来，空间转换极快，道路两侧绿地随即变窄，成为明显的楔形廊道，沿着城市道路向城市中心延伸（图3.19）。

入城口区域地势平坦，水系发达，衣托环城湿地生态区的自然地势条件和生态化、景观化的水系格局，与周边的水系相互呼应，形成自然的水陆融合的格局，水系与道路相互围绕交融。植物种植手法采用大开大合、模仿自然的植物景观设计手法。同时节点处突出视线通廊，充分发挥原有地形地貌优势，突出公园城市植被特色。在植物品种选择上以当地乡土树种为主，基调树种采用榕树、香樟、无患子、黄山栾树等乔木，常绿与落叶搭配，四季有季相变化（图3.20）。

图 3.19　成都绕城高速天府入城口周边绿地环境实景

图 3.20　成都绕城高速天府入城口局部鸟瞰实景

第一风景线——高速入城口景观规划设计

3.1.5　厦门集美入城口

厦门集美大桥入城口位于厦门市集美区东南海滨，向南通过集美大桥连接岛内，距厦门高崎机场距离仅约 5 公里，是连接集美半岛与厦门本岛的重要纽带，是厦门城市风貌的重要展示窗口。与传统入城口相比，集美大桥入城口路线较长，交通体系复杂，海洋特色及地标特色更为突出（图 3.21）。

集美大桥入城口融合具有当地代表性的文化元素，通过桥头标志及下穿洞口装饰等体现地域特色，展现城市风貌。集美大桥北侧上桥口设有集美大桥标志，以富有厦门特色的红色系作为主要色调，突出强调"集美大桥"字样题字雕塑（图 3.22），两侧以时花花柱装饰，下层搭配三角梅、海桐等秋装灌木，丰富节点色彩的同时强调了集美大桥这一城市地标。北侧滨海西大道下穿乐海路隧洞口两端布置有集美印象文化景墙，全长约 240 米。以暖色为基调，通过延平楼等典型嘉庚风格建筑，结合龙舟、水纹图案，展现最具代表性的集美特色（图 3.23、图 3.24）。

图 3.21　厦门集美入城口区位图

图 3.22　厦门集美入城口"集美大桥"标志

图 3.23　厦门集美入城口集美大桥下穿机场隧道

图 3.24　厦门集美入城口集美印象

厦门市气候温热多雨，入城口植物生长状况较好，以厦门当地常绿乔木为主。由于地处海滨，主要选择具有抗风且抗污降尘特性的植物。入城口区域路侧列植美丽异木棉、小叶榄仁及鸡蛋花，下层为朱蕉及常绿整形灌木、灌木球的组合，以富有南国特色的植物组合给人耳目一新的城市印象。滨海互通绿地则以防护林的形式为主，外围常绿灌木镶边，内侧内片植以高山榕为主的抗风乔木，形成海滨防护林带。连接滨海西大道的下穿隧道从绿地中穿过，隧道顶部栽植三角梅，丰富场地色彩。

高架立体绿化是厦门入城口的亮点，以厦门原生的异叶爬山虎为主，借助高架桥墩攀爬至桥跨，并以桥墩为轴线向两侧发散，借助优良的气候条件和科学的人工引导，形成葱葱郁郁、富有生机的绿色高架景观。桥底则以常绿灌木搭配红色鸡蛋花，展现热烈的迎宾氛围（图3.25~图3.28）。

图3.25　厦门集美入城口高架垂直绿化

图 3.26　厦门集美入城口路侧绿化

图 3.27　厦门集美入城口滨海防护绿地

图 3.28　厦门集美入城口隧道顶部绿化

3.1.6 杭州绕城高速龙坞入城口

龙坞入城口位于杭州绕城高速西线，是进入龙坞景区的主要通道，三面环山，植被丰厚，自然环境优美，周边有西山国家森林公园、大清谷、白龙潭、外桐坞艺术风情小镇等景点，同时也是"西湖龙井茶产地保护区"，丘陵缓坡的茶园茶山连绵起伏，是杭州市区自然风貌保存最完整的地区之一。本次调研范围包括收费站出入口周边地块与视线可及范围内的主要区域，总设计面积为19.2公顷，其中茶园6.2公顷，绿化景观面积2公顷（图3.29）。

龙坞入城口风貌环境以"一个中心、两条景观带、两个远观片区"的景观空间组成。以收费站为中心，以留转路茶文化休闲景观街和留泗路枫香红叶景观带构成两条延伸的景观带，以茶山、茶园景观区和大清谷自然生态景观区构成远景和整体环境背景。入城口利用连绵起伏的茶山与茶园作为大环境基底，在交叉口设有以茶树叶片高低错落组成的主题雕塑，通过茶乡、茶田的展现和小品的运用，抽象化、艺术化地展现龙坞茶镇第一印象。远观可看到连绵茶山，与近处的景观相映衬，作为进入龙坞茶镇的前奏迎宾，展现开发、大气的龙坞新形象。上高速匝道两侧绿地以缓坡配以植物组团，植物疏密有致，营造舒朗的入口形象。大面积开阔的草坪配置以草花、麦冬做下层植物，红花檵木、大叶黄杨做绿篱，配以置石、枸骨球、石楠球、黄栌等色叶植物循环种植。下高速匝道两侧有竹林、红枫、紫薇等色叶开花小乔构成了中层，下层有菊类等宿根花卉点缀。出口附近，点植枫香、乌桕等色叶景观树种，路旁播种宿根花卉或是草坪满铺（图3.30）。

图3.29　杭州绕城高速龙坞入城口两侧绿地照片

图 3.30　杭州绕城高速龙坞入城口植物配置图

3.1.7 申嘉湖高速嘉兴乌镇入城口

乌镇入城口位于嘉兴桐乡申嘉湖高速乌镇出入口，与姚大线相连接，向北可连接乌镇风景区，向南可达桐乡市，是乌镇风景区及桐乡市连接外界的重要交通节点。入城口总面积约12公顷，周围环境多以农田村庄为主，居住聚集程度较低（图3.31）。

入城口距离中心城区较远，入城口区域的植物配置方式以自然式种植为主，景观氛围充分融入自然原野。根据场地内地形和水系情况，因地制宜设计湿地为主的特色城市出入口景观。根据水位高低，部分区域栽植芦苇、菱草、蒲草、菖蒲、灯芯草等浮水和挺水植物，延岸疏密有致地栽植池杉、落羽杉、枫杨、水杉、柳树等湿生耐潮乔灌木，边坡旁零星栽植灌木球类等植物，以突出当地自然水体的特点。道路两侧植被则比较密闭，以植被林带作为背景林，而主要的节点及绿地就设置于匝道与道路交叉之间的空白绿地，为水系和疏林草地形成可持续发展的园林绿化空间，具有涵养水源、净化空气等作用。绿化整体以乔灌草复合搭配的形式，采用了香樟、广玉兰、银杏、杨树等作为骨干树种，前景留出弧线型的草坪空间，林缘线较为整齐（图3.32）。

乌镇入城口的边界特征使其有别于其他入城口景观，不单体现乌镇独特的出入口景观，更是充分运用当地文化印记，将乌镇自身的独特历史、

图3.32 申嘉湖高速嘉兴乌镇入城口东向西视线

图3.31 申嘉湖高速嘉兴乌镇入城口区位及整治范围示意图

民族文化、特有的自然环境表达得淋漓尽致。乌镇收费站马头墙的结构造型，红色梁柱及窗格的搭配，均与乌镇特色的遥相呼应；出口匝道处增加以青砖、白墙、古典窗格、马头墙、乌镇 LOGO 以及世界互联网大会会标等元素设计的乌镇镇标，构成新的精神堡垒，将水元素应用其中，体现江南水乡文化的风格。沿线绿化改造繁花似锦、绿树成荫，互联网元素的灯光球、发光字体照亮黑夜，"小而美"的人文设计，充满艺术和现代气息（图 3.33~图 3.35）。

图 3.33 申嘉湖高速嘉兴乌镇入城口主节点空间全景

图 3.34 申嘉湖高速嘉兴乌镇入城口沿线绿化

图 3.35 申嘉湖高速嘉兴乌镇入城口收费站外观

3.1.8 义东高速义乌廿三里入城口

廿三里入城口位于义乌廿三里街道，与37号复线、商城大道相连接，是廿三里街道连接义东高速、甬金高速的重要交通节点（图3.36）。

义乌入城口环境打造突出义乌精神，以"鸡毛换糖"为设计主题，风格大气，独具地方特色。景观组团和节点沿入城口道路两侧分布，西侧是大面积台地草坪与鸡毛雕塑，形成视觉上的焦点且彰显了本地的文化特色，东侧为水系和疏林草地形成的生态循环园林绿化空间，具有涵养水源、净化空气等作用。平面上综合运用了点、线、面相结合的构图形式，使得整体设计风格明显，亮点突出（图3.37）。

义乌作为典型的江南城市，同时又是具备强烈的创新经济活力的地区，入城口设计中也充分将这样的要素进行整合。大面积的草坪结合植物组团造景营造出简洁、现代、大气，高辨识度的入城口景观形象，同时在景观装饰上将不怕苦不怕累的义商精神融入设计细节之中。鸡毛换糖、拨浪鼓等典型具有义乌文化特质的内容通过雕塑、小品等进行演绎，形态上以米白色的自然弧线为基底，以锈板的现代质感与形式诠释廿三里的文化积淀，营造出悦动流畅的入口景观，既有对过往历史的记忆，也有现在义乌城市蓬勃发展和现代化气质的体现，起到了义乌城市印象第一展示窗口的作用（图3.38~图3.43）。

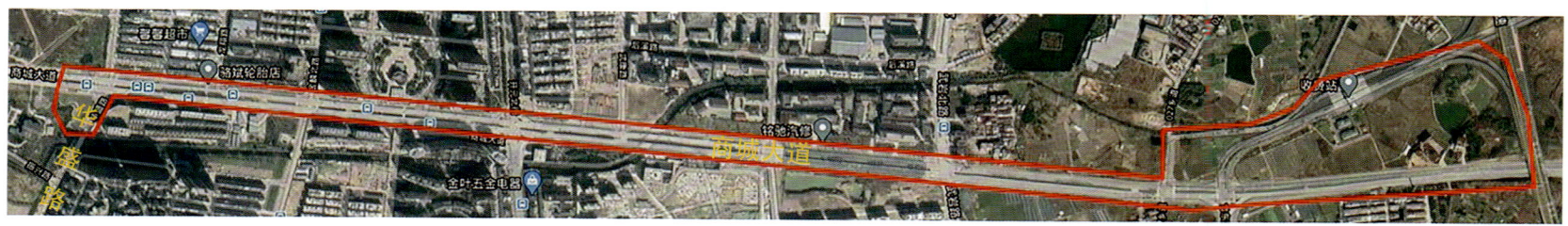

图 3.36　义东高速义乌廿三里入城口区位及整治范围示意图

图 3.37　义东高速义乌廿三里入城口节点草坡雕塑

图 3.38　义东高速义乌廿三里入城口节点海绵公园（一）

图 3.39　义东高速义乌廿三里入城口节点海绵公园（二）

图 3.40　义东高速义乌廿三里入城口华盛路交叉口节点

图 3.41　义东高速义乌廿三里入城口商城大道道路绿化（一）

图 3.42　义东高速义乌廿三里入城口商城大道道路绿化（二）

图 3.43　义务高速义乌廿三里入城口商城大道道路绿化（三）

3.1.9 沪昆高速上饶入城口

上饶入城口位于江西省上饶市北部，是沪昆高速进入上饶信州主城区的主要入城口，北接G327国道，南经紫阳北大道至三清山中大道，西与稼轩大道相连。入城口经收费站后由入城道路连接至上饶主城区，长约1550米，占地面积约18.6公顷（图3.44）。

上饶东入城口作为典型的交通环岛式布局，以交通绿岛为中心，与紫阳大道、稼轩大道呈环形交叉，路侧依托场地地势，保留现状林，围绕前景绿地及林下空间，打造开敞大气的绿地空间。交通绿岛设计以"马踏飞燕"雕塑为中心，选用樱花及多年生花灌草本，以精致组景、特色花带为特色。路侧景观依托周边地势，通过林带保留与梳理，营造丰富多变的景观空间，与周边景致融为一体（图3.45）。

入城口绿化设计上以现状保留乔木为骨架，运用形态丰富、多变的草坪空间，通过特色植物景观对比组合，彩叶花灌应用。以现状山体为背景，保留大树为骨，新增的开花色叶植被为衣，营造多层次的植物空间。在植物品种选择上，以香樟、女贞、金桂等当地的乡土树种为主，搭配栾树、无患子、早樱、垂丝海棠、鸡爪槭、红枫等色叶观花苗木（图3.46）。

（a）区位图

（b）全貌图

图3.44 沪昆高速上饶入城口区位及全貌

图3.45 沪昆高速上饶入城口现状交通状况

图 3.46　沪昆高速上饶入城口周边环境现状（一）

上饶是一个具有悠久历史和深厚文化底蕴的城市。入城口的设计中也充分体现了这样的城市历史特征，注重文化要素体现和精神内涵表达。收费站门楼设计上借鉴融汇了赣派"青瓦、白墙、飞檐、翘壁"等建筑元素，与交通岛上"马踏飞燕"雕塑遥相呼应，成了上饶城市入口一道靓丽风景线。草坪空间内设置特色小品，以城市人文、社会精神文化为主题，营造整体环境艺术品位和人文境界，为场地注入更多内涵，提升整体环境品质（图3.47）。

3.1.10 长深高速杭州桐庐入城口

桐庐入城口位于杭州市桐庐县迎春南路，是长深高速进入桐庐县城的主要入城口，是连接长深高速与桐庐县城的绿色纽带。从高速口经迎春南路连接至桐庐主城区，在长约2公里的范围内持续感受入城口景观氛围（图3.48）。

桐庐入城口具有得天独厚的地形条件，迎春南路两侧为自然山体，入城口空间宽约100米，整体空间围合不失舒朗，两侧山体形成良好的景观背景。视线由收到放，出收费站段视线处于峡谷空间，较为闭塞，行人进入迎春南路后进入V形山谷空间，临近城区两侧山地逐渐平缓，形成较为开阔的视野，来客视线随着空间的慢慢打开，映入眼前的是高楼林立的桐庐新城。入城口景观环境打造与场地特色紧密结合，以平整、舒缓的景观草坪作为前景，以高大乔木组成厚实的背景林带。乔木背景林带的设置作为前景空间与背景山体的衔接，在视觉上形成过渡，草坪—乔木背景林—背景山体形成丰富的层次，强化了场地空间感。植物打造从高速收费口往市区方向有明显的季相特色，每段有1~2个主题植物，在每段植物景观中等距离设置突出的植物景观节点。整体的树种选择上以香樟、桂花和银杏作为基调树种，穿插形成以鸡爪槭和红枫为特色的秋景段、以紫薇为特色的夏景段以及以白玉兰和日本晚樱为特色的春景段（图3.49）。

图3.47　沪昆高速上饶入城口周边环境现状（二）

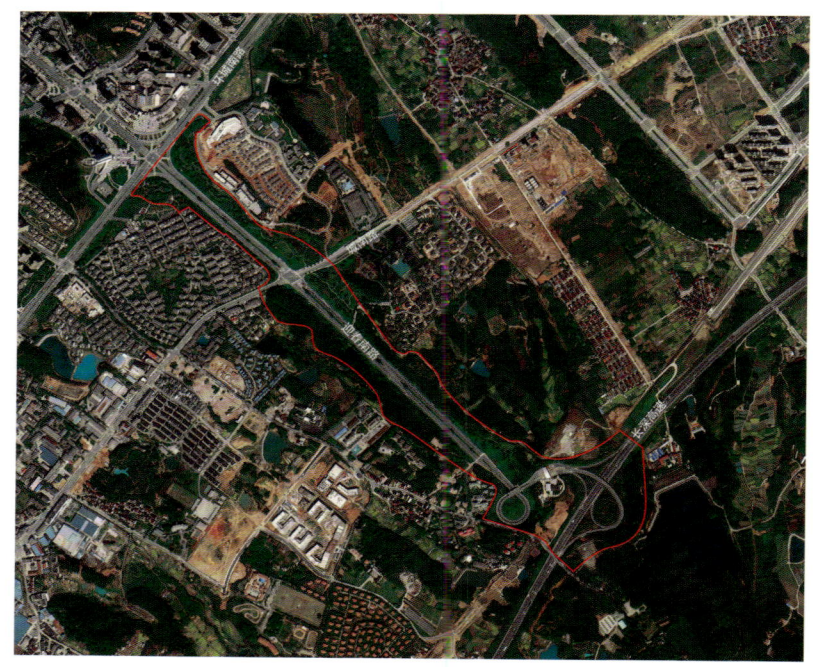

图3.48　长深高速杭州桐庐入城口区位图

图 3.49 长深高速杭州桐庐入城口现状绿化

连接段道路绿化设计作为高速入城口到城市的过渡，桐庐入城口的处理手法也有较明显的参考意义。中央隔离带采用的是组合式布局，在规则段选用3株大香樟，用于支撑起高层立面骨干空间，每150米左右循环一次规则种植段，高层景观空间的序列性得以强调；自然种植段主要是中低层的植物景观，一方面将立面曲线的流畅度舒缓地显现出来，另一方面将刚柔对比的层次空间梳理的饱满且丰富。道路两侧山林的自然大气和入城道路显著的方向指引性得到充分融合（图3.50、图3.51）。

图 3.50　上深高速杭州桐庐入城口景观空间

图 3.51 长深高速杭州桐庐入城口两侧绿化及地形

3.2 我国高速入城口景观类型的划分

通过对典型城市入城口建设现状的调研可以发现，我国各地入城口的景观规划设计和建设取得了很大的进展。各个城市入城口根据自身的城市特点、地域环境、历史文化等要素进行了融合，形成了各自的特色，在一定程度上起到了展示城市第一印象，成为城市第一风景线的作用。为更好地开展高速入城口景观规划设计和建设工作，本书根据入城口景观环境建设特点进行必要的分析分类，有助于更加针对性地开展入城口景观的要素体现和具体设计建设。

3.2.1 按照高速入城口的表达方式划分

高速入城口与城市关系密切。位于城市不同区位或与城市核心区不同距离区位的入城口在设计建设时需要与城市周边环境进行充分融合，有着不同的表现手法和表达意象。

（1）文化型的高速入城口。

文化型的高速入城口指着重强调当地的历史文化和民风习俗的高速入城口。此类高速入城口能充分显示城市的地域特色文化，具有鲜明个性和独特风格，以及地域文化内涵，与周边环境的文化气息和历史文化相融合。

如义东高速义乌高速入城口的鸡毛换糖主题雕塑就很好阐释了义乌的历史文化特色，再有申嘉湖高速嘉兴乌镇入城口用发光字体照亮黑夜，"小而美"的人文设计，充满艺术和现代气息。这二者都属于文化型高速入城口。

（2）森林型的高速入城口和绿廊型高速入城口。

森林型的高速入城口指在高速入城口的景观设计中，以植物景观为主，尤其有大量的乔木种植，塑造整体环境氛围。有的入城口以乔木为主，构建立体复层、混交植物群落，营造森林意境，打造森林型的高速入城口，如杭州南入城口、长深高速桐庐入城口。部分入城口以道路两旁的植物种植为主，构成郁郁葱葱的景观绿带，形成绿色廊道，成为绿廊型迎宾通道，如京珠高速岳阳市岳阳大道入城口。

（3）农业景观型高速入城口。

农业景观型高速入城口指周边环境以农业景观为主，具有一定农业生产功能的高速入城口。此类高速入城口往往位于乡村或城乡交界处，形成以农田肌理为主的城市入口形象。这类区域由于用地性质受限，或者本身具有良好的田园农耕景观，通过借景成为高速入城口的景观范围，成为农业景观型高速入城口。如杭州绕城高速龙坞入城口、沪昆高速株洲东入口就是属于农业景观型高速入城口。

（4）公园型高速入城口。

公园型高速入城口指高速入城口位于公园之中，或将高速入城口绿地打造成城市迎宾公园，不仅具有展示城市形象的功能，同时兼具公园游憩功能。此类入城口将生态防护型绿地综合统筹利用，形成复合的高速入城口生态休闲环境，为高速入城口景观未来的发展指明了方向，如沪杭高速余杭临平入城口、成都绕城高速天府入城口都属于公园型高速入城口。

（5）城市中的高速入城口。

城市中的高速入城口指高速入城口位于城市主城区，周边的用地性质均为城市建设用地，包括商业用地、居住用地、工业用地、学校用地等，也是城市建筑密集的环境。此类高速入城口用地较为紧凑，城市现代化氛围浓厚，但也留有一定的绿化用地。因此城市中的高速入城口更加强调绿化的重要性，并具有多样性的功能，与城市建成环境充分融合。根据高速入城口所在城市功能区域的不同又可分为工业型高速入城口、立交桥型高速入城口、商业型高速入城口三种类型。

1）工业型高速入城口。工业型高速入城口附近一般为大型的工业园区，规划整齐，建筑集中，主要是中低层的厂房和高层住宅楼，建筑造型简单，多为简易造型。入城道路景观主要以道路绿化为主，行人少，工业气息重但是不喧闹，绿化带一般较为宽阔。入城过程通常是从密集的建筑到安静的道路再进入市区，与别处循序渐进的情况不一样。如马鞍山采石矶高速入城口就位于经济开发区。

2）立交桥型高速入城口。此类高速入城口是指高速入城口连接或者面对着城市立交桥，入城口的立面空间除具备组织交通、顺畅交通的功能之外，立交桥显著的构造外观往往能形成城市重要公共设施标志物，对城市意象有重要的意义，对城市风貌也产生了巨大的影响。立交桥阻挡了高速入城口周边部分自然景观，但也体现了现代化的城市的快节奏和繁华，让人有直接进入城市的感受，一个立体化的城市展现在眼前。如杭州绕城高速留下入城口就是以立交桥型的高速入城口。

3）商业型高速入城口。商业型的高速入城口空间一般城市气氛浓厚，构成元素以建筑为主，商业建筑集中，是较大型城市普遍存在的城市入口类型。进入收费站直接感受的就是市区景象，热闹繁华，行人如织，商业气氛浓烈，空间序列主要通过建筑形态展开。如沪渝高速上海嘉松入城口、上海绕城高速嘉定城区入城口都属于城市中的商业型高速入城口。

（6）防护绿地型的高速入城口。

防护绿地型高速入城口指高速入城口的景观功能以防护性为主，观赏性文化性为辅。此类高速入城口以早期和中期的高速入城口为主。如北京京哈高速白鹿入城口就是以大尺度植物景观为主的防护绿地型入城口。

3.2.2 按照地貌特征划分

按照高速入城口周围的地形地貌特征以及气候环境特点，如对山丘、河流、湖海进行分类，强调地形地貌及气候环境对高速入城口景观影响，有助于设计中充分利用自然环境要素。

（1）山地型高速入城口。

此类高速入城口往往位于山体中，具有较为明显起伏的地形，视线一般受阻，空间感较强。设计建设中可充分利用自然山体营造美丽的山林景观，但也往往存在一定的山体开挖面，需要进行山坡复绿。如丽水高速入城口、沪昆高速上饶入城口等都属于山地型高速入城口。

（2）丘陵型高速入城口。

此类高速入城口丘陵起伏较小，各个局部地形具有不同的空间属性和景观特性，形成丰富立体轮廓线，如杭州绕城高速龙坞入城口、杭长高速径山入城口、杭州余杭径山高速入城口等。

（3）平地型高速入城口。

此类高速入城口的地势地貌为平地，范围有大有小，地势平坦，视野开阔。目前大多数高速入城口均为平地型高速入城口。

（4）滨海型高速入城口。

此类高速入城口往往位于海边，具有得天独厚的滨海景观资源，往往与海边的道路或者跨海大桥相连接，沿路风景优美，需要留出开阔的视线空间，打造成景色优美的高速入城口。如厦门集美入城口，连接着集美大桥，桥梁两侧海景开阔，水色湛蓝，海天相接，给人大气开放的滨海城市印象。

（5）滨水型高速入城口。

此类高速入城口往往位于水库、湖、塘、河流、湿地等大型水体周边，具有开阔的视线空间，行人从高速入城口能看到水库、湖、塘、河流等水体，景观较好，或是美丽的湖光山色，或是柔美的江南水乡，或是湍急的河流浅滩，都能感受整体环境与水的亲和与交融。如杭千高速淳安鼓山入城口就是滨水型高速入城口，在入城口能看到千岛湖的湖光山色，美不胜收。

（6）戈壁型高速入城口。

此类高速入城口位于戈壁边沿或内部，具有丰富的荒漠地质景观特征，如内蒙古京新高速乌力吉入城口。

我国高速入城口景观的具体类型见表3.1。

3.3 我国高速入城口存在的问题

随着城市发展和人民生活水平的提高，各地纷纷掀起了城市景观建设的热潮，开始效仿一些成功的城市形象工程，但大多城市对高速入城口景观建设存在认识上的偏差。高速入城口的建设通常受到市政以及规划设计研究的忽略，我国高速公路入城口的规划设计和建设运营发展水平不均，建设效果不一。根据对相关城市的调研和相关理论文献研究后，当前我国高速入城口景观设计存在如下问题。

（1）重视不够，发展不均。

由于一些城市开发部门急功近利的思想使得城市建设缺乏整体的、长远的宏观调控，导致许多城市的建设决策、管理部门与规划设计机构对于高速入城口区域不够重视，并没有把高速入城口作为"城市形象的窗口"，仍认为"高速入城口只是一系列以车行占绝对主导的快速通过性空间"，对高速入城口缺乏合理的定位、规划设计和有效的管理，只是将其作为道路规划与建筑设计之后的"补遗"，而不是城市设计内在的有机构成。导致国内不同城市之间高速公路入城口景观建设出现不均的问题。

（2）缺乏特色，个性缺失。

过于追求经济要素而抛弃和割裂传统文化，盲目地照抄照搬国内外优秀案例的表面形式，而忽略了城市自身的特色和文化内涵，地方代表性不够，城市特征表现力不强，失去了自己宝贵的独特性格。不少项目仅停留在个体的研究上，空间设计单一，缺乏与城市历史文化的联系，缺乏地域文化特色和城市独特风貌的景观表达，导致城市个性特征和标志性的丧失，片面追求自身的形式与气魄，重表面、不重内在联系，割断了城市的文脉，缺乏"场所精神"，没有发挥其作为"城市窗口形象"的作用。

表 3.1　我国高速入城口景观类型的划分

分类方式	类型		特点	举例
按照入城口的表达方式划分	文化型		强调当地的历史文化和民风习俗	义东高速义乌高速入城口、申嘉湖高速嘉兴乌镇入城口、泉南高速南宁入城口、西安咸阳国际机场高速机场入口、楚雄杭瑞高速程家坝入城口等
	植物景观型	森林型	以乔木为主，构建立体复层、混交植物群落	长深高速桐庐入城口、沪宁高速苏州西入城口等
		绿廊型	以道路两旁的植物种植为主，构成郁郁葱葱的景观绿带	京珠高速岳阳大道入城口、杭千高速桐庐入城口、甬台温高速黄岩入城口等
	农业景观型		具有一定农业生产功能	杭州绕城高速龙坞入城口、沪昆高速株洲东入城口、杭长高速径山入城口等
	公园型		入城口位于公园之中，或者将高速入城口绿地打造成城市迎宾公园	沪杭高速余杭临平入城口、成都绕城高速天府入城口、杭新景高速之江大桥入城口等
	防护绿地型		入城口的景观功能以防护性为主，观赏性文化性为辅	京哈高速北京白鹿入城口、杭千高速入城口、包茂高速榆林段入城口等
	城市型	商业型	入城口空间城市气氛浓厚，构成元素以建筑为主，商业性建筑集中，且人口密度大	沪渝高速上海嘉松入城口、上海绕城高速嘉定城区入城口等
		工业型	入城口附近一般为大型的工业园区，建筑外形较为单一	深圳梅观高速华为入城口、常合高速马鞍山采石矶入城口、哈同高速哈尔滨同三入城口等
		立交桥型	入城口连接或者面对着城市立交桥	杭州绕城高速留下入城口、金丽温高速丽水入城口、杭州绕城高速萧山入城口、杭州绕城高速紫金港入城口等
按照地貌特征划分	山地型		入城口位于山体中，山体高度500米以上，具有起伏的地形，视线一般受阻，空间感较强	温丽高速青田西入城口、沪昆高速上饶入城口等
	丘陵型		入城口丘陵起伏较小，高度500米以下，各个局部地形具有不同的空间属性和景观特性，呈现丰富立体的轮廓线	杭州绕城高速龙坞入城口、杭长高速径山入城口等
	平地型		入城口的地势地貌为平地，范围有大有小，地势平坦，视野开阔	杭州绕城高速萧山入城口、郑焦高速武陟入城口等
	滨海型		位于海边，具有得天独厚的滨海景观资源	厦门集美入城口，沈海高速杭州湾入城口，珠三角环线高速港珠澳入城口等
	滨水型		入城口往往位于水库、湖、塘、河流、湿地等水体旁边	杭千高速淳安鼓山入城口，环太湖高速公路的大多入城口等
	戈壁型		入城口位于戈壁边沿或内部，具有丰富的荒漠地质景观特征	内蒙古京新高速乌力吉入城口等

（3）理论落后，实践脱节。

在我国现阶段，确实也存在不少关于城市规划与景观设计的理论，然而这一类的理论更偏向于理想型，或是偏于一般化的城市。在应用这些理论去建设各个城市高速入城口，难免出现生搬硬套，易导致千篇一律，无法满足城市的个性需要。我国幅员辽阔，不同城市都有自己特殊的地形地貌与城市文化，对于这些不同的特点，需要一套完整的理论体系。但现在理论研究跟不上实践的发展需要，缺乏完善和系统的理论框架，理论研究相对来说比较滞后。

（4）缺乏规划，景观破碎。

当前大多数高速入城口景观缺乏科学系统的规划设计，空间架构不完整，缺乏系统性和连续性。城乡之间的联系、城市内外的生态系统联系都较弱，从而使高速入城口与城市内外部的各个空间相互脱节，成为整个城市生态系统的薄弱环节。由于缺乏科学的设计理念、设计手段和方法，导致设计原则不切实际，景观布局手法单一，公共服务设施严重不足或简陋，环境小品粗糙，植物绿化形式单一，缺乏空间层次感。以上问题导致高速入城口景观严重破碎，缺乏与周边环境的联系与呼应，各景观序列杂乱无序。

（5）功能单一，品质不高。

当前大多数高速入城口作为以车行占绝对主导的快速通过性空间，"车本化"的固有思维超越"人本化"观念，缺乏对"城市生活"的关注，缺乏对入城口"人"的因素的实地调查和研究，忽视了除车行道路之外的相关交织区域内人们的步行交通与人的多样化行为活动，脱离"城市生活"的实际需求。高速入城口空间，尤其是可进入的绿地空间缺乏人性的尺度和气氛，导致空间总体环境质量普遍较低。而人的活动是高速入城口极为重要的因素，重视空间与人的环境行为互动是城市设计成功的关键。

高速入城口空间环境品质低下主要体现在几个方面：第一，景观要素过度堆砌。有些高速入城口通过竖立高大精美的雕塑、修超宽的道路、建豪华的收费站、开辟大面积的绿地、铺高档的铺装、放置各样小品和标识，通过堆砌要素而形成的入城口失去了城市"第一风景线"应该有的视线的主次关系、周边环境的协调融合、场地特征的匹配适宜，导致高速入城口景观要素彼此之间以及与周边的环境之间不协调。第二，建筑紧压红线，侵占了生态绿地，损害城市空间品质与环境。第三，入城口附近广告牌杂乱无章，缺乏艺术性和统一规划，影响景观视觉效果。第四，入城口并没有起到衔接的作用，没能过渡衔接城市内外环境，忽视主次关系。以上这些方面拉低了入城口景观的品质，导致高速入城口景观缺乏生命力，成为城乡生态系统的薄弱环节。

（6）缺乏标志，识别性弱。

近年来，一些城市开始重视高速入城口景观建设，也出现了一些好的案例。但是仍有很多城市高速入城口景观同质化严重，标识的城市意向感与可识别性不够，"千城一面"，感觉不到高速入城口景观与城市之间的有机关联，沦为了空有其形的"形象工程"。

（7）空间无序、功能混乱。

高速入城口位于农村与城市之间的过渡区域，一般位于城市的边缘。随着城市的不断扩张，高速入城口区域的土地常常在缺少城市规划的情况下提前开发，许多的农田、林地被占用，用地性质处于自主、随意的状态，因而用地功能混乱的问题十分突出。

（8）政策欠缺，管护不善。

当前有关高速入城口的政策、法规不健全，缺乏必要的政策与管理机制，参与高速入城口建设的各部门之间缺乏有效的沟通和协调，公众参与机制未能建立，没能形成从"计划—规划—设计—建造—使用—运营—公众评价反馈—修正"的系统与整体的过程，导致建设过程缺乏连贯性和整体性。因而，高速入城口的开发建设多限于建筑实体，而高速入城口的景观建设往往被忽略，或被简单处理，后续管理与维护不善，在实际使用中效果不佳。

4 高速入城口景观设计原理和方法

高速入城口景观设计，在学科归属上属于风景园林学科。风景园林学科兼具人文艺术学科的理论、工程技术学科以及自然学科等理论的严谨逻辑，是建筑历史与理论、城市规划理论以及其他工程技术理论的交叉融合，也是同植物学、生态学、测绘学等自然科学的交叉融合，同环境艺术、艺术审美、艺术技巧应用密不可分。因此，高速入城口景观规划设计是以风景园林为基础，融合建筑设计、城市规划、交通规划、工程技术、生态理论、艺术与工艺的综合应用。本书的重点，在于阐述高速公路高速入城口的生态学原理和美学原理，着重考虑高速入城口绿线范围内（防护绿地及其他绿地）的设计。遵循的基本原理和学科关系，如图4.1所示。

4.1 高速入城口景观设计的生态学原理

生态学原理是高速入城口景观设计中最基本的原理。通常，高速入城口景观设计要从城市绿地系统规划的角度进行总体的宏观规划，同时也要进行微观的设计，从景观生态学、恢复生态学、城市生态学、植物生态学等多个角度进行考量。

4.1.1 景观生态学原理

在景观生态学理论中，斑块、廊道和基质是构成景观的基本空间单元。高速入城口则属于城市生态系统中廊道的楔形入口部分，起着连接、运输、保护资源和观赏的作用。根据景观生态学原理的景观结构和功能原理、生物多样性原理、物种流动原理、营养再分配原理、能量流动原理、景观变化原理和稳定性原理可知，高速入城口作为一个楔形的绿色生态廊道，将城郊自然生态本底与城市道路绿色廊道相联系，将自然引入城市。因此，根据景观生态学原理，将高速入城口与城市道路作为一个整体来考虑，将城市中各个绿色斑块串联起来成为一个整体，即从城市整体生态网络的角度，考虑高速入城口对整个城市生态系统中物种、能量和物质流动的影响，入城口景观设计中要考虑动物的栖息地、通道、过滤、屏障、源和汇等功能的实现，增加异质性和物种多样性，提高物种总体共存的潜在机会，丰富城市景观的多样性，为城市的舒适性、健康性、可持续性提供一定基础。

4.1.2 恢复生态学原理

恢复生态学原理包括整体性原理、循环再生原理、边缘效应原理、物种共生原理、生态位原理、生物多样性原理等。由于高速入城口存在较多的异质地域，同时异质地域间的边缘区也较大。因此，高速入城口有着特殊的地缘条件与生态特性，在景观设计中突出应用边缘效应原理和物种共生原理，模拟恢复地带性植物群落，重视乡土植物材料的应用，利用生物之间的共生关系、生物多样性原理以及生态位原理来配置植物群落，形成稳定的能够自然演替的生态系统。

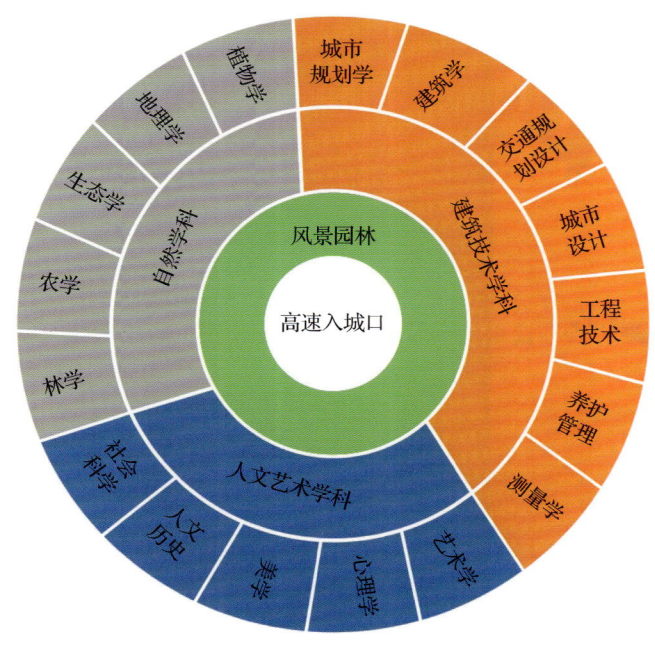

图4.1 高速入城口景观设计的基本学科关系

4.1.3 城市生态学原理

城市生态学的研究目的是建设符合生态学原理、适合人类生活的生态城市，根据城市生态学原理、食物链原理、系统整体功能最优原理、最小因子原理、环境承载力原理等科学理论，在高速入城口景观设计中要增加景观多样性，选择适应性强的植物以及生态位互补的植物，设计多种植物群落，如生产型植物群落、观赏型植物群落、抗逆型植物群落、保健型植物群落、知识型植物群落、文化环境型植物群落等生态景观，群落结构越复杂，抗干扰的能力和环境承载力就越强，也越容易保持动态平衡的稳定状态。

4.1.4 植物生态学原理

（1）群落学原理。

尊重植物群落的自然特点，在高速入城口的植物配置中应尽量向着结构稳定的植物组群方向努力，乔木+灌木+草本+藤本植物因地制宜地配置，形成结构完善的绿地系统。

（2）植物他感作用。

不同的植物之间存在相互促进或彼此竞争的现象，有些植物的分泌物对邻近植物有积极的作用，而有些植物能产生有毒物质，抑制周围其他植物的生长。由于位置的特殊性，高速入城口需采用低维护的植物配置方式，可以通过他感作用的原理来配置植物，把几种相生树种配置在一起，可以相互促进生长，以更快营造出理想的景观效果；在特定需求下也可通过配置特定品种的植物来抑制其他林地杂灌和杂草的生长，降低维护成本。

（3）生态环境因子对植物的影响。

在设计和建设中注意生态环境因子对植物的影响，以植物生态特性为切入点，在高速入城口构筑多层次绿化体系。在我国，不同的气候形成特定的气候带景观外貌，我国有五个气候带，位于不同气候带的高速入城口可以营造特定的地带性景观，对体现高速入城口特色有着重要意义：

1）寒温带针叶林高速入城口景观。位于寒温带地区的高速入城口，可以由兴安落叶松、西伯利亚冷杉、云杉、樟子松、偃松、白桦、山杨、蒙古栎等植物形成气势恢宏的寒温带针叶林入城口景观。我国寒温带主要分布于大兴安岭北段及其两侧地区，如内蒙古根河市、黑龙江漠河市、黑河市、呼玛县，新疆富蕴县和伊犁，吉林白山市等都可以在高速入城口设计寒温带针叶林景观。

2）中温带针阔叶混交林高速入城口景观：位于温带地区的高速入城口，可以由落叶松、红松、紫杉、白桦、蒙古栎、山杨、榛子、牛皮杜鹃、长白山美人松、岳桦、云杉、臭冷杉等形成的季相变化突出的混交林入城口景观。我国中温带包括黑龙江东部、吉林、辽宁北部、内蒙古大部、新疆西北部、宁夏大部、甘肃陇西以北等。河北张家口、承德，山西大同、朔州，以及哈尔滨、长春、沈阳、呼和浩特、乌鲁木齐、银川和西宁等都位于我国的中温带，这些城市的高速入城口均可设计中温带针阔叶混交林景观。

3）暖温带落叶阔叶林高速入城口景观：位于暖温带地区的高速入城口，可以由松栎混交林、椴、槭、白蜡、杨、柳、榆、槐、杏、桃等形成绚丽多彩的落叶阔叶林入城口景观。我国暖温带主要位于黄河中下游大部分地区及南疆，我国北京、天津、太原、兰州、济南、开封、洛阳、郑州、西安等都属于暖温带，这些城市的高速入城口均可设计暖温带落叶阔叶林景观。

4）亚热带常绿阔叶林高速入城口景观：位于亚热带地区的高速入城口，可以由山毛榉科、山茶科、木兰科、金缕梅科、樟科、竹类等形成郁郁葱葱的常绿阔叶林入城口景观。我国的亚热带是指秦岭、淮河以南、雷州半岛以北、横断山脉以东的大部分地区，涉及16个省，占了全国面积的1/4，像杭州、上海、南京、苏州、成都、重庆、长沙、南昌、武汉、福州等亚热带城市的高速入城口均可设计为亚热带常绿阔叶林景观。

5）热带季雨林高速入城口景观：位于热带季雨林地区的高速入城口，可以由棕榈科、山榄科、紫葳科、茜草科、木棉科、无患子科、桑科、龙脑香科、橄榄科、大戟科、番荔枝科、肉豆蔻科等形成附生景观、层间层景观的热带季雨林入城口景观。我国的热带省份有云南、广东、海南、台湾4个，主要的热带城市有高雄、景洪、湛江（雷州半岛）、海口、三亚、三沙等，这些城市的高速入城口可以设计为热带季雨林植物景观。

（4）水分因子对植物的影响。

高速入城口位于不同的降雨带，也可以营造不同植物景观类型的入城口景观，具体如下：

1）以旱生景观为主的高速入城口景观：位于降雨量少的干旱地区的高速入城口，可以由多肉植物以及木麻黄、仙人掌、柽柳、夹竹桃、三角梅、雪松、黑松、加杨、小叶杨、响叶杨、垂柳、旱柳、白柳、榆树、朴树、胡颓子、皂荚、柏木、侧柏等植物营造以旱生植物为主的入城口景观。如我国干旱、半干旱区面积的83％集中分布于西北地区，所以新疆大部、甘肃西北部、内蒙古西部、宁夏北部、青海西北部、西藏北部等地的高速入城口营造旱生景观（图4.2）。

2）以水生景观为主的高速入城口景观：位于降雨量多的湿润地区高速入城口，可以营造以水生植物景观为主的水乡型入城口景观，如荷花映日的荷塘、芦荡秋波的芦苇荡、郁郁葱葱的水上森林等多种水生植物在池塘的景观。我国的台湾、广东、广西、福建、浙江、云南、贵州、湖南、江西、重庆、上海、四川东部、江苏南部、安徽南部、黑龙江东部、吉林东部、辽宁东部等湿润地区的高速入城口则可以水生景观为主进行设计（图4.3）。

3）以湿地景观为主的高速入城口景观：位于降雨量较多的湿润地区的高速入城口，可以营造以湿生植物景观为主的湿地型入城口景观，由落新妇、水芋、紫菀属、萱草属、花菖蒲、日本玉簪、金脉鸢尾、席草、水芹等形成湿地景观。我国湿润地区的高速入城口也可根据场地特征因地制宜地设计湿地景观。

图4.2　降雨量较少的京新高速巴彦淖尔入城口

图4.3　降雨量较多的杭甬高速绍兴入城口

4.2　高速入城口景观设计的美学原理

高速入城口景观设计与园林设计一样，都需要从人的审美角度出发，遵循基本的美学原理，美学原理包括视觉美、香味美、听觉美等，视觉美包括形式美与色彩美。高速入城口更加强调的是视觉效果，因此，我们重点分析高速入城口景观的视觉美。

4.2.1　色彩美原理

色彩是创造优美空间效果的重要表现方法之一，可以用来表现高速入城口空间的性格和环境氛围，良好的高速入城口色彩设计是高品质入城口景观的重要标准之一，作为速度景观的高速入城口，色彩的调和设计是最为直观和重要的，协调搭配好诸多色彩元素可以避免入城口的混乱，还可以表达高速入城口的场地精神和文化理念，因而高速入城口景观设计需根据速度的不同，进行不同的色彩调和设计。

（1）单一色相的调和。

在下高速进入匝道的阶段，以弯道居多，车速由高到低，匝道旁景物变化迅速，不适合使用丰富色彩，最好用单一色相，强调色彩的一致性和协调关系，设计中可以把常绿树、落叶树、针叶树、阔叶树搭配在一起，追求色彩关系统一的同时，在绿色的明度和彩度上发生变化，并加之以植物的形状、排列、光泽、质感等变化，使绿色深浅不一，富有色彩层次，容易产生渐变的退晕之调和韵律感稳健感；如果使用过多色彩，就容易调和失宜，杂乱无章，甚至会扰乱司机的视线。

径山入城口的匝道空间以群落式的绿色植物配置为主，深浅不一和富有色彩层次的绿色成为了入城口匝道的主色调，令人有进入森林一般的亲切感和安全感（图4.4）。

（2）近色相的调和。

在高速入城口的收费站附近，车速降到了最低，然而这里的物流、信息流和能量流最为集中，空间组成较为复杂，对行车安全也有较高的要求，色彩调和设计中不能用过多色彩。因此，高速入城口收费站区块的景观色彩设计可用近色相的调和设计，选择性质与程度很接近的相邻色相，运用明度、彩度的变化，统一中又有变化，营造出和谐、温和的景观氛围。

如临安高速入城口收费站区块的色彩设计，在绿色背景下，选择了与收

图4.4 杭长高速径山入城口的色彩设计

费站建筑相似的红色来点缀绿化空间,达到了入城口色彩调和的效果,给人以清爽、融合之美感(图4.5)。

(3)对比色相调和。

对比色的配色给人以现代、活泼、洒脱、明视性高的效果。适合用于高速入城口入城道路区段的景观设计中,需要注意对比色的明度差与面积大小比例等关系。如红绿、红蓝是高速入城口最常用的对比配色,但因其明度都较低,而彩度都较高,常存在相互渲染,相互提高彩度的问题,所以至少要降低一方的彩度方可达到良好的效果,也可以用秩序调和、互混调和、点缀色调和、隔离调和等方法达到良好的效果。

比如杭州南入城口和临安入城口用大红色的花与浅绿色的草坪相搭配,为了避免过分强烈,在其中又加入黄色花卉和粉红色,起调和缓冲作用,使整个入城口景观色彩明快而不刺激,平和而不平淡(图4.6、图4.7)。

(4)面积调和。

色彩的终端感受与色彩的面积大小有着密切的关系,尤其是高速入城口的动态景观中,色彩的面积有着更重要的作用。一般来说,色彩设计原则认为,小面积采用高彩度色彩,大面积采用低彩度色彩,比较容易获得色彩感觉的舒适和平衡。在高速入城口的速度景观设计中,最好用绿色作为背景色和主导色,如用大面积浅绿色草坪就特别容易营造出柔和、宁静、舒适和优美的景观,其他颜色则要用小面积的色块有规律地点缀,随着运动的视线,可形成韵律与节奏的色彩变化。色块中面积大的彩度低,面积小的彩度高,即:大面积色块宜用淡色,小面积色块宜用浓艳色,可营造出各种各样的调和状态。两个或两个以上色彩有秩序、协调地组织搭配,产生视觉上的和谐,使人心情愉悦。

图4.5 杭徽高速临安入城口的色彩设计

图4.6 杭州南入城口的色彩搭配

图4.7 杭徽高速临安入城口的色彩搭配

如杭州南入城口的入城道路两侧以绿色草坪作为背景，配以适当比例的红色、橙红色等明亮鲜艳的色彩，给人以现代、活泼的效果，同时搭配白色和灰色的色块则显得清新典雅。

4.2.2 形式美原理

形式美原理给高速入城口景观设计提供了更多的空间和可能性。形式美的基本法则有助于规划设计符合大众审美需求的高速入城口空间。统一与变化、节奏与韵律、主从与重点、均衡与稳定、比例与尺度、比拟与联想、渗透与层次、空间与序列等形式艺术规律基本适用于高速入城口的景观规划设计。

（1）统一与变化。

高速入城口区域作为线性空间和速度景观的重要载体，在高速入城口车道近处，景物留在人们视觉里的是一抹模糊的树影、建筑、水景等，通常难以分辨细节。因此，高速入城口的景观要尽量简化，并保持各个要素的相似性和统一性。比如高速入城口的树种配置可采用基调树种和一般树种。基调树种种类少，但数量大，形成入城口的基调及特色，起到统一作用；而一般树种则根据景观需要尽量选择观赏价值高的植物品种，品种数量不宜过多，以避免喧宾夺主（图4.8、图4.9）。

在高速入城口的不同区域，可以采用不同的"统一与变化"策略，比如匝道区域，由于车速较快，弯道较多，设计中应尽量简洁，以绿化为主，并保持植物的树形相似性与协调性，强化统一感，减少差异和变化。在收费站区域，车速下降，设计中兼顾道路、建筑、地形、水体、植物、色彩、线条等各种设计元素的相互联系与配合，使各要素之间保持一定相似性，既显得生动活泼，更使人体验到柔和、平静、舒适和愉悦的美感，相联系，产生和谐、有秩序、完整的效果（图4.10、图4.11）。在城市型入城道路设计中，道路两边高楼林立，城市界面较为复杂，可以运用重复的节奏与韵律的方法体现高速入城口景观的统一感。如等距离配置行道树，同龄乔木树种，或在乔木下配植同种，同龄花灌木，这种精确的重复最具统一感。乡村型入城道路可采取不同策略，将各个元素的形态、色彩、方向、线条、高低等在组合时应用调和与对比的方法，如植物配置可用形象的对比、体量的对比、方向的对比、开闭的对比、明暗的对比、虚实的对比、色彩的对比、质感的对比、疏密的对比等，使空间达到既有变化又有统一。

（2）节奏与韵律。

作为线性空间，高速入城口具有方向性、引导性和移动性，也就更适合应用节奏与韵律的原理：高速入城口各个元素通过各个要素体量的大小、空间虚实交替、植物排列疏密、道路长短变化、曲柔刚直的穿插等变化，甚至是方向、重叠、光影等有规律的变化来创造出具有条理性、重复性和连续性

图4.8　杭长高速径山入城口绿化实景

图4.9　杭徽高速临安入城口绿化实景

图 4.10　沪杭高速临平入城口收费站

图 4.11　杭长高速径山入城口收费站

的美的形式，激发人们的美感、运动感和韵律感，人们在移动中，看到的是一个高低起伏、明暗变化、疏密有致的流动空间，从而获得整体秩序感。比如，在入城口行道树中相隔50米或100米就配植一棵更加高大的乔木，沿着入城口道路移动时就不会感到单调，而有韵律感的变化。除了这一简单的韵律，还可以应用连续韵律、交替韵律、渐变韵律、起伏曲折韵律、拟态韵律、交错韵律等节奏与韵律的形式，使整个高速入城口空间成为一个有节奏的、统一和谐的空间整体。如临安入城口道路两侧配置的花境有规律的重复出现，产生有序的节奏和韵律感和序列，使得入城口空间通畅有序（图4.12）。

（3）主从与重点。

高速入城口布局中有主有次，一般收费站至入城道路区域为主要部分，是高速入城口的主要布局中心，入城道路为次要部分，是次要的布局中心，既有相对独立性，又要从属主要布局中心，要与入城口的主要部分互相联系，互相呼应。而匝道至收费站部分为从属部分，起过渡、陪衬与烘托作用。

在高速入城口可用强调重点处理来突出入城口的收费站至入城道路区域，以使其更加突出，如临平入城口在收费站一侧打造了一个迎宾公园，使入城口的收费区域面积和空间显著地大于其他空间，景观内容更加丰富，成为高速入城口独一无二的重点和布局中心，显得尤为重要；龙坞入城口收费站一侧建造了一个带状的小游园，与另一侧收费站旁边的茶园形成对比，突出了收费站区域的主体地位。

在高速入城口的入城道路区域，虽然属于次要地位，也可以用强调重点处理突出入城道路区域的关键部分，主要位于道路交叉转折处和结束部分等，如临安入城口，入城口道路较长，划分为三段连续的空间，道路交叉口、隧道口、桥头等都做了雕塑、景墙和花境等重点处理，打破了单调，加强了变化，取得了较好的装饰效果（图4.12）。

图4.12　杭徽高速临安入城口道路两侧景观

（4）均衡与稳定。

探讨均衡与稳定的美学原理，是为了获得入城口艺术构图的均衡、稳定、舒适和安全感，为了力求均衡，高速入城口收费站区块的两侧往往应用对称式的均衡，对称均衡布局常给人庄重、严整、稳定、舒适和安全的感觉。

而从收费站与入城口道路之间的两侧绿地，由于受功能、组成部分、地形等各种复杂条件制约，则常采用不对称均衡的手法。综合衡量入城口空间各个构成要素的虚实、色彩、质感、疏密、线条、体形、数量等给人产生的体量感觉，不对称均衡的布置树丛、散置山石、自然水池、道路、建筑等体量、质地各异的元素要素，会显得更加轻巧、活泼、自然和流动，是一种动态的平衡，给人以轻松、自由、活泼的感觉，更多的感受到高速入城口的整体统一感。比如径山入城口收费站两侧较为对称，都为缓坡茶园，与收费站的对称式建筑相辅相成，但里面的植物搭配则为自然式，自然活泼，与不远处道路右侧的小公园相互呼应，自然气息更为浓重。

而入城道路绿化往往采用相对对称式的均衡布局，与城市道路相衔接相呼应，形成景观序列感，给人庄重、严整、舒适和安全的感受。

（5）比拟与联想。

高速入城口的魅力在于来到这座城市的第一时间给我们以城市精神和社会价值的认知。但是由于空间和时间有限，高速入城口往往不能直接描写或者刻画城市文化和城市精神的具体形象，而是需要运用比拟联想的手法唤醒人们对于城市的情感认知，对历史与未来的联想，从而产生强烈的认同感和归属感，甚至引发人们对社会、哲学和历史的思考。运用比拟联想的方法有如下几种：

1）模拟名山大川的地质地貌，可以在高速入城口的绿地中模拟自然山水风景，创造"咫尺山林"的意境，使人有"真山真水"的感受，联想到名山大川，天然胜地。尤其是景区的入城口，可综合运用空间组织、比例尺度、色彩质感、视觉感受等，模拟景区的自然山水，使人如临其境。

2）运用民众习俗中留下的植物寓意。在高速入城口运用植物的姿态、特征，给人以不同的感染，产生比拟联想。如城市为红色革命城市，则可以在入城口匝道内和收费站周围用群植的松树象征城市的革命先辈们顽强向上、坚毅、具有百折不挠的精神，并寓意着积极向上、坚强不屈，不向困难屈服的精神。龙坞高速入城口和径山高速入城口都用了茶园，分别象征着径山"禅茶一味"而得出的禅茶文化（图4.13），以及龙坞"万担茶乡"千年茶文化的传承与传播，增加了入城口的人文意境（图4.14）。

图4.13　杭长高速径山入城口茶园

图4.14　杭州绕城高速龙坞入城口茶园

3）运用建筑、雕塑造型产生联想。如杭徽高速临安入城口用钱王的雕像，让人瞬间想起建立吴越国的钱镠以及他的一系列保境安民发展经济的事迹；还有义乌廿三里入城口应用了巨大的鸡毛作为雕塑，强烈展示出义乌人民"鸡毛换糖"的创业文化（图4.15）。还有乌镇入城口高大的文化柱（图4.16），巧妙展示了中国江南水乡古镇、中国历史文化名镇和世界互联网大会永久会址等重要称号和文化特色。另外还有泉南高速南宁埌东入城口应用市花"朱槿"的花瓣雕塑装饰入城口道路两侧，寓意凝聚、绽放和繁荣，视觉冲击力强。

图 4.15　义东高速义乌廿三里入城口"鸡毛换糖"雕塑

4）运用遗址仿古产生联想。现在很多高速入城口的收费站都模拟古代的城门，令人想起我国辉煌的建筑文化历史。如临安高速入城口应用了吴越古风的建筑风格建造了收费站，向人们展示临安的城市历史文化。还有径山入城口的收费站也应用了"江南五山十刹"之首的径山万寿禅寺的建筑风格，在入城口就突出体现了径山深厚的佛教文化（图 4.17）。

5）很多古代诗词、风景题名题咏、对联匾额、摩崖石刻都能令人产生比拟联想。高速入城口绿化景观中的节点可以适当采用石刻、题名、题咏、题诗等丰富人们的联想，提高艺术效果。

（6）渗透与层次。

高速入城口各个空间之间以及与周围环境之间需要相互交融、联系和渗透，从而增加入城口空间层次的丰富性和景深，使相对线性的空间既有分隔又有连通，富于层次变化。可采用利用对景、框景、借景等手法，将周围

图 4.16　申嘉湖高速乌镇入城口的文化柱

图 4.17　杭徽高速临安入城口收费站

环境纳入高速入城口空间中来，既保持了入城口的特点，又与周围环境相互融合。如临安入城口的入城道路设计为三段空间，层次依次递进互相渗透：第一段从临安互通至钱王大街，展示地域历史文化——吴越印象，以元宝山公园和钱王雕像为主，道路两侧疏林草地、阳光草坪与山水环境融为一体；第二段从钱王大街交叉口至椤子山隧道，表现新区依托传统文化下的现代氛围感，寓意"锦城繁华"的良好风貌，"繁花似锦，笑迎春""如入山林，探幽趣""林中穿路，媚幽姿"三类道路绿化既有自身特色，又与周边绿地环境融合；第三段从望湖路隧道口至青山湖，此段为隧道口接跨湖桥，展示山水生态临安新城，与桥下的青山湖湿地公园相辅相成，视线环境也与元宝山公园相互渗透。这三段空间层层递进，既有区别，空间开合有度，展示不同的内容，又相互渗透、相互观望、相互衬托，是高速入城口景观设计中的精彩作品。

（7）空间与序列。

作为行进性的线性空间，以上述临安入城口空间序列的构思和布局就可看出高速入城口序列可以分为四个阶段：起始阶段、过渡阶段、高潮阶段和结束阶段，其中序列中的高潮阶段是精华和目的所在，是设计的核心。临安入城口的起始阶段是匝道阶段，过渡阶段是通过收费站的阶段，高潮阶段则是从临安互通至钱王大街，展示吴越历史文化的这一段，也是精华和高潮所在，很多人对这个空间印象深刻，尤其是元宝山上钱王的雕像和体现山水格局的宝石山。

因此，高速入城口的空间序列与写作一样有"起、承、转、合"，一般通过艺术手段来实现高速入城口每个局部空间的有序排列，需注意以下三个方面：

1）空间的导向性：临安入城口通过艺术手段实现了入城口每个局部空间的有序排列，以空间处理的手法产生导向性，如运用美学中各种韵律构图（地形起伏的树林草地）和具有方向性的形象类构图，利用了柱列、行列植的植物、灯具、绿化组合等线条强化了导向。

2）空间的视觉中心：在临安入城口空间序列设计中，利用视线聚焦的规律，有意识地将人的视线引向钱王雕像这一视觉中心，沿线又巧妙布置了椤子山隧道的隧道口，在这些关键部位设置了能引起人们强烈注意的古城门与古城墙，有效吸引了人们的视线，同时也暗喻了"入城口"这一关键词。

3）空间构图的多样与统一：各个空间彼此联系、前后衔接，在不同序列阶段的空间处理上各不相同，形成不同的文化氛围，但又彼此联系。

4.3 高速入城口景观设计的基本原则

园林景观设计需要遵循很多基本原则，诸如有因地制宜原则、美学性原则、经济性原则、以人为本原则、生态性原则、可持续性原则、参与性原则、整体性原则等，入城口的景观设计应遵循这些基本的原则，但也有其特殊性，我们以临平高速入城口为例来阐明在高速入城口景观设计中应遵循的原则。

4.3.1 安全性原则

高速入城口的通道界面必须保证安全性，包括行车安全、场地安全及游客安全。临平入城口为了保证行车安全，在匝道和收费站区块都尽力减少细节，避免过度吸引驾驶者的目光，同时利用阵列的行道树和灯柱形成一定的引导性；为了保证场地的安全性，将入城口设计为一个"半面半园"的迎宾公园，面临入城道路的一半为展示面，行人不能进入，而人群参与活动的区域设定另外一半的公园中，这样既有公园的景观及通透的视线，又能保证行人的安全，在公园中设计了安全的通行方式，关键部位放置醒目的指示牌等，最大限度地提高安全性。

4.3.2 生态性原则

生态文明理念为认识和解决日益尖锐化的复杂城市问题提供了新的思路。高速入城口的通道效应往往会破坏原有自然生态、造成景观退化，车辆汇集造成的噪声污染、大气污染，以及纵横交错的道路网使景观破碎化，对物种造成隔离妨碍了物种和基因的交流。因此，生态设计在高速入城口景观设计中尤为重要。

为了发挥入城口绿化的生态廊道功能和生态效应，在临平入城口的景观设计中强调以绿化为主，低影响开发，融入海绵城市功能，建设水下森林，保留利用现状植被，并从生物栖息地角度增加植被丰富度。

4.3.3 文化性原则

高速入城口景观设计必须要体现城市的文化和精神，展示城市历史特色。因此，高速入城口景观设计中往往利用当地古建筑、古迹和遗址，以展示城市的历史和传承，传递当地的历史文脉和人文信息。

临平高速入城口结合临平独特的山水文化，将自然山水及传统文化融入新城，再现临平的山水文化记忆，以"隐于山水之间"为发展主线，通过地形改造、植物景观提升、配套设施完善等途径，使余杭沪杭高速入城口最终蜕变为"不离繁华而获山林之怡，大隐于市而有林泉之致"的入城口迎宾山水文化公园。

4.3.4 连续性速度性原则

凯文·林奇强调"可识别的道路，应具有连续性"。高速入城口是一个动态的时空，我们在动态中感受到不同速度下的视觉体验，有快有慢，有紧凑有舒缓，产生连续变化的序列景观。合密尔顿（Hamicton）和瑟斯顿（Thurstone）认为高速运动与人的视觉感知之间关系为：当车速提高时，驾驶人员由于精神高度集中，视角焦点范围缩小；当车速上升时人的注意焦点延展向远方，而对车两侧的关注度降低（图4.18）。由此可见车速与视野范围成反比，即当车速增加时视野范围缩小，而当车速增加时近景的细部开始模糊，频闪速率过快呈线状；当车速增加时人的反应速度变得迟钝。不同车速下路边景观的最小距离见表4.1。

在临平高速入城口的景观设计中，道路两侧设计了大片草坪，给行车人留足了视距，豁然开朗的草坪后面是开阔宁静的迎宾公园，没有了频闪的感觉，随着车子的移动，一幅山水画徐徐展开，植物、水体、地形、色彩及环境设施等形成了连续性的景观，像电影的动态画面，形成了视觉上的景观连续性。把临平独特的山水文化融入了临平新城的城市风貌之中，使时空连续体的连续性和速度性更好地融合。

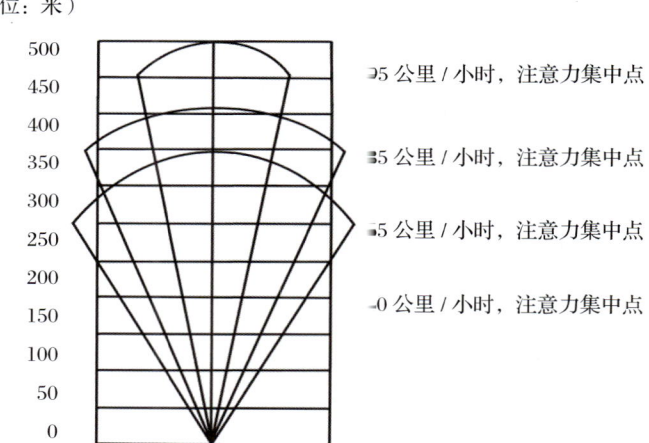

图4.18 不同车速下的注意力集中点不同

表4.1 不同车速下路边景观的最小距离

车速/（公里/小时）	20	40	60	80	100
最小距离/米	1.71	3.39	5.09	6.79	8.50

4.3.5 个性化原则

当今城市建设追求的共同目标是要有特色鲜明、风貌突显的城市形象，改变当前"千城一面"的发展状态。高速入城口作为展示城市形象与城市特色的重要区域，在展示城市性格、丰富城市内涵上有大量可作为的空间。

临平高速入城口的景观设计紧紧抓住了城市特色——临平特有的山水格局和江南水乡风貌、杭州国际旅游城市定位和临平新城智慧科技的发展特色，通过绿化、美化、净化、亮化，构建一个可观、可游、可读的高速入城口迎宾公园，成为余杭的城市门户和临平新城的景观地标。成功打造了余杭最靓丽的城市名片，形成个性鲜明的区域标识，充分体现出临平新城的地域文化、自然环境、经济等个性特征，在城市形象需求和自然之间找到了共享的均衡，再现了"十里青山半入城"的临平山水文化记忆。

4.3.6 整体性原则

高速入城口景观规划设计是城市设计的重要子项，规划设计时应充分体现城市规划总体控制的原则和要求，不仅是景观整体上和空间本身的连续、协调，还要从协调人与环境、历史、文化、政治、经济等社会大体系的关系，在不断新陈代谢延续发展的过程中形成一个多维多向的整体脉络和结构框架。入城口设计不能单纯从建筑群体或局部绿化的层次进行考虑，而应从城市总体构想的高度进行把握，形成与当地城市特点相协调的风格。

临平高速入城口景观设计以整个杭州市以及临平新城为着眼点，从杭州国际旅游城市定位和临平的山水地貌及新城智慧科技的发展特色出发，与临平新城的社会、经济、文化、技术和自然等条件进行有机结合，营造出了自由灵活、和谐统一、舒适宜人空间形态——彰显山水文化的现代化迎宾公园。

4.3.7 展示性和标志性原则

作为城市的窗口，高速入城口应该研究城市特征的展示机制与方法，不仅宣传城市的人文历史、自然景观，兼具为城市经济发展宣传服务的功能，扩大城市知名度，增强招商引资的吸引力。

义乌廿三里入城口以义乌"鸡毛换糖"精神为主题的雕塑，展示了城市第一精神印象。临平高速入城口景观在设计上虽然没有雕塑等标识性构筑物，但却巧妙地利用一个开放的迎宾公园展示出临平新城的城市风貌，使人在思想意识上进入临平，对临平有了新的认识。

4.4 高速入城口景观元素

高速入城口的景观元素包括显性元素和隐性元素两大类，显性元素正如F.吉伯德所言——城市中一切看到的东西都是园林要素，如建筑、地形、收费站、街道、植物、水体、公共艺术、环境设施等；隐性元素虽无处不在却又是抽象的、不可见的元素，如：城市文化、交通组织、城市精神和社会价值等。

4.4.1 高速入城口的显性元素

高速入城口的显性元素主要有地形、水体、植物、建筑、道路、街道、公共艺术设施等显性元素。

（1）地形。

高速入城口沿路地形可分隔和界定空间、影响空间的氛围、可制约空间的走向，还可控制人们的视线。平坦、起伏平缓的地形能给人美的享受和轻松感，而陡峭、崎岖的地形极易在一个空间中造成兴奋的感受。地形还能在景观中将视线导向某一特定点，形成连续观赏或景观序列，构成一系列观赏景点。地形可以改善小气候，还可以影响高速入城口某一区域的光照、温度、风速和湿度等。

（2）水体。

水体景观是高速入城口景观设计中的重要组成部分，古人云"石令人古，水令人远""园以水活"，水是景观的灵魂营造。水体景观不是对自然风景的简单模仿，而是对自然风景作抒情写意的艺术再现，经过园林艺术加工而创造出不同的水体，强调变化和创新需求，既能创造景观空间的意境，又能引发无穷尽的诗情画意。在高速入城口不仅能利用水体改善环境、调节气候、控制噪声，而且还能够借助水体流动性的特点，动静结合使高速入城口的景观更加具有立体感。另外，水体还能起到汇集和排放天然雨水的作用，可作为海绵城市的重要组成部分。

（3）道路。

道路是高速入城口移动观察的通道，主要为机动车道、步行道，人们在入城口道路上移动观察城市景象，因此是高速入城口中的主导空间通道。

（4）边界。

边界是高速入城口开发用地与相邻用地的边界线，是线性要素，高速入城口的边界比较复杂，可以是整个高速入城口用地的边界，也可以是高速入城口用地内各个空间之间的边界。需因地制宜强调边界，或隐去边界，与外界联系起来。

（5）节点。

节点是高速入城口的核心，是行人或者视线的聚集处，如高速收费站、道路的交叉点或汇集点、空间的转换处。这些节点是一个空间的核心，在设计中需要重点处理。

（6）区域。

区域是高速入城口视线所能看到的范围，可以是连绵的群山、也可以是湖泊海岸、还可以是乡村的田园或者城市的高楼大厦，行人有"进入"其中的感觉。

（7）植物。

植物是高速入城口景观中有生命的构成要素。植物要素包括乔木、灌木、藤本植物、花卉、草坪等。植物的四季景观表现时空变化，植物独特的形态、色彩、风韵之美成为造景的主要题材，植物配置的疏密错落，能创造空间、改造地形、烘托气氛，还能利用植物抒发感情，寓情于景。

（8）建筑。

城市是建筑的群体组合，建筑系统是城市景观的主体。高速入城口区域的建筑是人们进入城市中第一眼看到的建筑，比起城市中的其他区域更应该反映城市的特色。有特征的城市建筑不仅能给人以美的享受，还能不断强化城市特色。

（9）标志物。

标志物包括公共艺术设施、公共服务设施、环境小品（含雕塑）和标志等，一方面为人们提供识别、依靠、洁净、运行等物质功能，另一方面具有点缀、烘托、活跃环境气氛的精神功能。凯文·林奇在《城市意象》中特别强调了标志物，认为标志物突出于周围环境，包括建筑、构筑物、山峦或雕塑等。标志物已成为一个城市特定文化的象征，当人们来到城市的入口处，看到了这些标志物，就能准确地确定身在何处了。

4.4.2 高速入城口的隐性元素

高速入城口景观的隐性元素包括城市文化、交通组织、城市精神和社会价值等抽象的、不可见的关系要素。

（1）城市文化。

城市文化是高速入城口展现城市特色和活力的关键要素，主要包括现存的城市文脉、城市发展的历史沿革以及约定俗成的文化。

（2）功能因素。

高速入城口的功能较为复杂，是景观设计中必须认真对待的元素。高速入城口的功能主要有交通功能、展示功能、生产功能、商业办公、物流集散、休憩娱乐、休闲学习、运动健身、社会交往等方面的功能，满足人们安全、方便、舒适、交往、自我实现、获得归属感和认同感等方面的需求。

（3）生态技术。

低碳节能环保是我国的基本国策，在高速入城口尤其要通过各种生态技术手段来降低人为干扰，保护自然、增加绿量，当前高速入城口景观生态技术主要体现在新能源的利用、生态环保材料的开发利用、水土保持以及污水处理、海绵城市技术等方面。

（4）施工技术。

施工技术和施工质量对于高速入城口的景观效果有着重要影响，高新技术、新材料以及新的施工工艺会带来完全不同的景观效果，或节约资源，从而有利于可持续发展。因此，在高速入城口景观设计中，以不同的高科技形式、技术与材料来构筑新的空间文化，在美学上也能表现新技术带来的不同视觉感受。

（5）交通组织。

高速入城口景观应充分结合周围交通系统，组织好车行与步行交通的分离和衔接，注重步行交通的连续性与舒适性。要求可达、便捷与顺畅。

（6）人为活动。

在高速入城口景观设计中，要合理安排和组织各种功能，不仅要研究人们在高速入城口的各种活动及其相互关系，还要研究这些活动的功能要素，人为活动不仅影响入城口自身的使用率和活力，还影响入城口空间的综合使用，因地制宜进行高架桥上、桥下、地面、地下的综合开发，形成立体的开放空间网络。

（7）城市精神与社会价值。

城市精神是一座城市的灵魂，是文明素养、道德理想、意志品格的综合反映和精确提炼，社会价值是人们对社会和精神需要所做的贡献，是人们生活信念与人生境界的反映，是城市市民认同的精神价值与共同追求社会价值，是高速入城口景观设计中的精神内涵，如人们的行为习惯、价值取向等，能唤起使用者、游观者对城市旧有的记忆和文化认同。

4.5 高速入城口景观设计的艺术手法

高速入城口景观设计要营造具有一定功能的艺术空间，创造一种既满足既定的使用功能又有一定意境的艺术空间。与常规园林景观设计相同，在设计时要因地制宜地运用一定的艺术手法，来创造与周围环境相适应、相协调的艺术空间。园林景观艺术是创意与工程技艺的融合，应用了丰富多彩的造景艺术手法，归纳起来包括主景与配（次）景，近景、中景、全景与远景，借景与框景、对景与分景、障景与隔景、夹景与藏景、透景与漏景等。这些通用的造景手法，在高速入城口景观营造中同样适用。但高速入城口也有其特殊性，用地多为狭长的线状绿地和动态空间，以道路交通为主要功能，场地被各个方向的道路切割成破碎的空间。因此，高速入城口的景观设计的艺术手法也有所侧重。

4.5.1 主景与配（次）景

高速入城口场地一般受道路影响地块较为零碎，设计需遵循前文叙述的"主从与重点"的形式美原理，设计中突出主次才能使场地更加完整。在线性的高速入城口空间内，首先需要划分出主要景区和次要景区，每个局部的景区也有主景和配景。高速入城口的主景区域一般在收费站附近，或者入城道路与具有城市特色区域的交叉口处。这些主景区域作为行人视景空间的构图中心，是核心、重点，通过重点处理可以体现较强的艺术感染力。因此很多高速入城口通过重点着墨建设收费站建筑，从许多位置、角度都可以看到收费站。也有城市在入城道路交叉口处设置城市标志的雕塑或者构筑物，呈现主要的使用功能或主题，是整个入城口视线控制的焦点。配景区则起着衬托主景的作用，在体量、位置、色彩、形式等方面不能超越主景，以免喧宾夺主。每个区域也有主景与配景，也可以成为欣赏的主要对象，所以主景与配景是相得益彰的。

临安高速入城口的主景区就在收费站至钱王大街交叉口的这一段空间，利用主体升高和空间轴线的方法，利用元宝山有利的地形，在山顶立了钱王的雕塑，正对着收费站，位于道路空间轴线的一侧，但在行车人的视线范围内，稍稍仰视即可看见，在蓝天远山等背景的衬托下，钱王雕像的造型、轮廓鲜明地突出，使行车人刚刚进入城口就直接领略到临安厚重的人文历史，见图4.19。

临平高速入城口则是用的面阳朝向和空间构图重心的手法突出主景，"半面半园"，朝向入城口道路的一侧用了大面积的草坪，形成一个深远的展立

图4.19 杭徽高速临安高速入城口的主景——钱王雕像

面，把迎宾公园的最为靓丽的主景展示给行车人，显得光亮，富有生气，生动活泼。从构图上来看，主景也刚好布置在构图的重心处，见图 4.20。

径山入城口则利用了动势向心的手法突出主体，经过收费站后是一个弧形的车道，设计师在弧形车道的圆心处设计了一个美丽的公园，由于动势向心的原理，行车人的视线自然而然投向弧形道路的圆心，趋向于视线的焦点，刚好看到主景公园，成功将主景凸显出来。见图 4.21。

图 4.20　沪杭高速杭州临平高速入城口主景

图4.21 杭长高速径山高速入城口主景

4.5.2 近景、中景、全景与远景

高速入城口由于组织交通的需要，一般主要交通范围内需要通透视线，空间较为开敞，因此空间层次可以组成近景、中景、全景与远景。近景是近视范围较小的单独风景；中景是目视所及范围的景致；全景是相应于整个入城口范围的总景色；远景是入城口周边的背景，空间伸向远处的街道、农田、山体的景致，山地远景的轮廓称轮廓景，晨昏和阴天的天际线起伏称为蒙景。合理的安排高速入城口的前景、中景与背景，可以加强景深，丰富空间层次感，使人获得深远的感受。

如临平高速入城口的空间层次依次递进，组织出了近景、中景、全景与远景的空间节奏。从景观节奏来看，过了临平收费站，城市绿地空间瞬间打开，将新城景象以开门见山的方式直接表达，富有视觉冲击力和感染力。同时创造大尺度的植物层次，结合地形与城市背景，形成前景、中景、远景、背景四道空间层次，利用地形和植物群落的关系，营造前景草坪、中层疏林草地和花带、远景背景林带和城市建筑背景共四大空间层次，丰富而优美的林冠线和林缘线，与城市天际线形成"水—山—城"相互呼应交错的和谐关系，突出临平新城"山水之城"的独特韵味（图4.22）。

4.5.3 借景与框景

将高速入城口的视线所及的外部景色组织到入城口来，成为入城口景观的一部分，称为借景。借景要达到"精"和"巧"的要求，使借来的景色同入城口空间的气氛环境巧妙地结合起来，让入城口内外相互呼应汇成一片。借景能扩大空间，丰富高速入城口的景观，增加变化，按景的距离、时间、角度等，可分为近借、远借、邻借、仰借、俯借、应时而借。①近借：在高速入城口欣赏入城口外近处的景物；②远借：在不封闭的入城口看远处的景物；③邻借：在入城口欣赏相邻园林的景物；④仰借：在入城口仰视外面的

图4.22 沪杭高速杭州临平高速入城口的空间层次依次递进

峰峦、峭壁或邻寺的高塔；⑤俯借：在入城口的高视点，俯瞰远处的田园；⑥应时而借：借一年中的某一季节或一天中某一时刻的景物，主要是借天文景观、气象景观、植物季相变化景观和即时的动态景观。

龙坞高速入城口的景观设计巧妙利用了借景的手法，在收费站边保留了成片的茶园，与近处山坡上的茶园势若相连，由此将高速入城口与周边的山体茶园融为一体，形成了极富特色的农业茶园景观（图4.23）。

上饶高速入城口的景观设计也巧妙借景了旁边的山体，道路两侧做了起伏的地形，并配置了与山体相似的植物群落，由此与起伏的山体势若相连，遥相呼应，将远山的天际线与近处地形的轮廓线交叉相连，形成了优美的画面（图4.24）。另外还有上海入城口的临借水景，临安入城口的仰借山景等都用了借景的手法。

部分节点景观可以采用框景的手法、利用门框、窗框、树框等，有选择地摄取空间的优美景色。入城口的高速收费站常常作为一个取景框来使用，采用设框取景的方式，先设置收费站再布景，通过收费站对周围环境的引导来突出入城口景观的特色。

图4.23　杭州绕城高速龙坞高速入城口的借景

图4.24　沪昆高速上饶高速入城口的借景

4.5.4 对景与分景

为了创造不同的景观，入城口进行空间组织时，对景与分景是两种常见的手法。

（1）对景。

位于入城口轴线及风景视线端点的景叫对景。为了观赏对景，要设置观赏点。如亭、榭、草地等与景相对。景可以正对，也可以互对，正对是为了达到雄伟、庄严、气魄宏大的效果，在轴线的端点设景点。互对是在入城口道路轴线或视线两端点设景点，互成对景，互对景也不一定有非常严格的轴线，可以正对，也可以有所偏离。如临安入城口的隧道口的城门与城墙的设计则是正对（图4.25），隧道口与元宝山则是互为对景，雕塑与收费站的对景（图4.26）。

图 4.25　杭徽高速临安入城口的隧道口对景

图 4.26　杭徽高速临安入城口的雕塑与收费站的对景

（2）分景。

中国园林含蓄有致，意味深长，忌"一览无余"，要能引人入胜。分景常用于把入城口绿地空间划分为若干空间，使之成为园中有园，景中有景，湖中有岛，岛中有湖。景观虚虚实实，景色丰富多彩，空间变化多样。分景按其划分空间的作用和艺术效果，可分为障景和隔景。

衢州高速入城道路——锦西大道就巧妙利用了分景的手法，利用地形和植物群落将绿道空间与城市道路分隔开，成为一个独立的优美宁静的绿道空间（图4.27）。

4.5.5 障景和隔景

在高速入城口中，凡是抑制视线，屏蔽景物的手法称为障景。障景有土障、山障、树障、曲障等。障景使视线受抑制，有"山穷水尽疑无路"的感觉。障景还能隐蔽不美观或不可取的部分，可障远也可障近，而障本身又可自成一景。

凡将入城口分隔为不同空间和不同景区的手法称为隔景。隔景可以增加园景构图变化，隔断部分视线及游览路线，使空间"小中见大"。隔景的方法和题材很多，如山岗、树丛、植篱、粉墙、漏墙、复廊等。如杭州南入城口的展示屏，不仅仅是展示的功能，最重要的是障景的功能，将后面杂乱的建筑进行了遮挡（图4.28）。还有径山入城口等很多入城口都用植物障景的方法将管理用房进行遮挡，避免杂乱（图4.29）。

图4.27 衢州高速入城道路——锦西大道的分景手法

图 4.28　杭州南入城口的展示屏

4.5.6　夹景与藏景

（1）夹景。

入城口道路相对的远景在水平方向视界很宽，但旁边有不太好的景观，因此，为了突出理想的景色，常将左右两侧以树丛、树干、土山或建筑等加以屏障，于是形成左右遮挡的狭长空间，这种手法叫夹景，夹景是运用轴线、透视线突出对景的手法之一，可增加园景的深远感。如径山高速入城口的入城道路则利用了夹景的手法，用植物夹峙在道路两侧，或开或合，遮挡了旁边的工厂和黑色的遮阴网，使视线集中在优美的道路上（图4.30）。

（2）藏景。

藏景是一种含蓄手法，目的是为了更好地显露景物。"山欲高，尽出之则不高；烟霞锁其腰则高矣。水欲远，尽出之则不远；掩映断其脉则远矣"。在高速入城口的绿地中可以利用藏景，这样更富有艺术特色，容易带给游人神秘感和更多心理期待。

径山高速入城口也利用了藏景的手法，用高大的植物群落将后面的茶园藏了起来，"藏"的目的是为了更好的展示，引起人们的联想和好奇，给人

图4.29 杭长高速径山入城口的管理房

图4.30 杭长高速径山高速入城口的夹景手法

更加深刻的印象。因此，在高速入城口并不一定要一览无余，适当的藏景能起到更好的引人入胜的效果。

4.5.7 透景与漏景

透景是在树木或其他物体中间保留的可透视远方景物的空间。如图4.31是径山入城口为了展示公园水景，在路侧留出了透景线，行车人可以穿过透景线看到水池。

漏景是只留出少许透景线，景观若隐若现，含蓄雅致。漏景可以用漏窗、漏墙、漏屏风、疏林等手法。如图4.32是径山入城口使用漏景手法，通过合理控制植株间的距离，创造了漏景条件，行车人可以透过树丛若隐若现地看到依稀的茶园，为茶园景观增加了一些朦胧的美感。

4.6 高速入城口景观设计的方法和注意事项

高速入城口空间要具有艺术性、功能性、社会性、文化性、标识性、象征性、生态性、整体性、流动性等，根据高速入城口的特殊属性，整理出适合高速入城口的一套设计方法和设计中需注意的问题，以图真正实现平衡生态系统、改善环境、创造区域文化特色的目的。

4.6.1 功能论方法

高速入城口景观设计的功能论方法是从功能入手，通过前期对于入城口内外的分析得出入城口应有的功能区以及每个功能区需要的空间大小，分析各个功能区的关系与联系，将有联系的、关系密切的功能区相邻安排，而需要隔开的功能区则进行有效区分。根据功能序列进行科学合理布置，统筹协调场地内功能。

4.6.2 风景线设计方法

（1）明显的风景线。

这是高速入城口收费站区域最常用的方法，用"显"的处理手法使高速

图4.31 杭长高速径山高速入城口的透景手法

图4.32 杭长高速径山高速入城口的漏景手法

入城口景观呈现出开门见山的大气、开阔的特点。如径山高速入城口经过收费站两侧就是缓坡的茶山，"禅茶一味"的气息扑面而来，开门见山，简单大气，将风景线直接展示出来（图4.33）。还有临平高速入城口，一出收费站就是开阔的公园景观，把山水文化为特色的迎宾公园展示给人们，然后沿着中轴线道路引导人们行进，以动势同心的引力向人们缓缓展开一幅山水画卷（图4.34）。

（2）隐蔽的风景线。

用隐蔽的手法将高速入城口景观节点隐藏起来，即"欲扬先抑"手法，从高速入城口道路的另外一侧展示出来，让人感受到深谷藏幽、意境深远的情境。这也就是上文提及的藏景手法，一般不用在收费站部分。

（3）隐现结合的风景线。

在高速入城口入城道路的主要景观节点忽隐忽现、半隐半现，激发人们的好奇心，从而营造出具有强烈吸引力的空间序列。

4.6.3 空间处理方法

（1）空间的组织形式。

高速入城口的空间类型主要有开敞空间、封闭空间、纵深空间等。空间组织得当，或辽阔壮观、无限延伸；或在高速入城口防护绿地的外面另有宁静幽深的内向型空间；或强调高速入城口空间的长度，体现了景观空间的景深感。通常多利用两边的密林引导人们的视线，起到良好的视觉导向作用（图4.35）。

图4.33　杭长高速径山入城口收费站两侧的茶山

图4.34　沪杭高速杭州临平入城口收费站的公园

图 4.35　杭长高速径山入城口的空间组织

（2）空间序列的类型。

1）一般序列。线状的高速入城口空间序列常用一般序列：由起景，发展到高潮，再到结束。

2）循环序列。高速入城口绿地空间较大时常采用循环序列：在绿地中采用循环道路系统，设置多景区景点，将主景区的主景物作为构图中心，循环布置景观和序列，环状道路连接各个景点。

3）专类序列。指高速入城口的序列依据某些构成要素的专属特征并以某一主题为线索进行景观设计，如按照岩石园、水景园、花卉专类园等按照专类园的形式来布置序列。

（3）空间序列的创作手法。

1）高速入城口空间的主调、配调、基调、转调。高速入城口空间序列要有统一的基础，并在统一的基础上寻求变化。基调就是整个高速入城口统一的风格、底色和绿化形式；主调是高速入城口的主景，与主景搭配的起到陪衬作用的就是配景即景观序列的配调；转调是高速入城口景观序列中连接两个不同功能或者风格空间的过渡景物。

2）空间序列的开合起结。高速入城口空间序列的几个空间要形成一定的开合对比，以形成丰富的空间序列。

3）空间与转换。在高速入城口，人们一方面顺着路线在各个景观节点之间进行路线转换；另一方面，在移动过程中，视线在一个节点转移到另一个节点，而这两者都属于空间的转换。转换的次数、路线的长短都会影响人的行为和感受。路线转换的频率影响着视线转换的频率。一般人们利用交通工具在高速入城口移动较快，不适合频繁的路线转换和高频的视线转换，但也需要通过不断的视线转换，在有限的时间和空间中来丰富"叙事内容"，以利于"阅读者"深刻理解城市的文化特色。

4）季相与色彩布局。高速入城口的季相美和色彩布局为景观增添主题特征，季节的变换形成各异的景观。利用植物不同季节的色彩和造型变换，创造出绚丽多彩的景观效果和序列空间。

4.6.4　设计过程中应注意的问题

（1）形式与功能的结合。

多元城市功能复合已成为高速入城口景观设计中需要解决的最根本问题之一。因此，高速入城口的形式必须与其功能相结合，合乎简明的目的性，允许个体差异以及形态上的视觉美，从功能方面出发，创造形式上的理性美。

利用文化元素和心理学方面的理论创造人性化和功能化的空间。能够提供安全流畅的交通、美观醒目的标识系统、物流、农业生产、产业发展、商务购物、休闲健身等所需要的理想入城口空间。

（2）现代与传统的统一。

作为城市形象的展示窗口，高速入城口功能复杂，各个城市特色和景观环境差异程度大，部分入城口形式受交通组织模式影响而导致用地零散。因此，高速入城口的设计应有多元的设计手法，既要反映本地域城市的历史文化的演变过程和个性，又要吸收现代的景观设计方法，并能够进行一定的演绎提升，将不同的历史、不同时代、不同文化融入进来，进而使得高速入城口景观设计具备长效的生命力。

（3）文化和景观的统一。

高速入城口是城市精神和文化较为集中的展示窗口，在时间维度上需要增加城市文化和美学的深度，进一步继承沿袭城市传统和历史，将地域、民族、历史以及生活中人们的文化积淀与生活模式转化成高速入城口设计的素材和空间组织的依据。无论在直观的视觉体验上，还是在行为及生活习惯方面；无论是物质构成的熟识感知，还是精神体验的似曾相识，都可利用文化元素和空间打造具有认同感和归属感的高速入城口景观空间。

（4）尊重自然，挖掘乡土资源。

很多高速入城口位于城乡交界处，既有自然地形地貌、山体田园，又有纵横的道路、高架和建筑等。因此，高速入城口的景观设计要灵活利用自然气候、土壤、水分、地形地貌、大地景观特征、动物、植物等元素，因地制宜、就地取材，从高速入城口所在的城乡区域进行挖掘，将乡土元素和自然元素应用于高速入城口，营造人类精神的重要载体，综合考虑人与自然的相互关系，遵循自然的演变和人类的发展规律，创造高速入城口空间内在的自然美和人文美，创造出美好的城乡景观环境。

合乎自然形态规律的高速入城口空间，达到与自然环境在"形体上"的高度协调，空间中人工环境和自然环境之间相互联系过渡自然，以人和自然最优化组合和可持续性发展为目的。

（5）线性设计。

高速入城口景观主视线一般沿道路展开，在一定程度上属于线性景观。根据入城口交通组织模式不同，可以分为直线型和曲线型两种。对直线型道路景观设计来说，就可以将景点布置在道路的沿线，在人的视线范围内可以一目了然地看见，但对于曲线型道路景观设计，就必须在安排可看对景的物体放在设计过的位置上加以精心考虑。

在安排对景时，最好的办法是让眼睛自然地被景物所吸引。视觉注意力随道路行进不断的改变方向和焦点，而设计者可以采用"行进式、代入感"的视觉模拟引导手法，设计一系列富有变化又有焦点的韵律景观。

（6）节点设计。

沿着高速入城口道路建立一系列的短程景观节点，和一个长程主景节点，能被连续不断或时断地被观察。当一个节点被观赏者作为注意的目标物时，观赏者最终从这个节点旁观过，会让人产生一种满足的情绪；否则可能产生一种沮丧的情绪。每个节点都有一个最佳视距，如果把路上的近景和远景形成令人愉悦的一连串景观时，道路就会更加有趣。

总之，这些节点形成的近景与远景，结合车辆运行的速度，可以产生更好的道路节奏和韵律。从而产生高速入城口景观的特征。

（7）注重界面设计。

因为交通安全的属性，高速入城口往往以开敞空间为主，缺少界定空间的界面要素，除了收费站和远处的街道建筑立面外，往往显得空旷。因此，在高速入城口设计中，在保证交通安全的前提下，尽可能考虑竖向界面之美，竖向界面往往能够形成空间的立体感，同时在一定程度上是公众对于入城口空间美感认知的基础，也往往是入城视线的吸引点。

（8）尊重生态价值。

生态文明价值是高速入城口景观设计的核心。从高速入城口景观方案的构思到细节的深入，时刻都要考虑生态价值观念，关注人与自然的和谐共生。设计建设中巧妙利用植物与动物、植物与植物、植物与人之间的关系，构建完美生态，达到高速入城口空间生态系统内，不仅水体涵养顺畅，土壤逐渐肥沃，而且植物能自我维护，动物能自然繁衍生息，尽量减少人工干预和养护，达到平衡和谐的自然状态。

（9）尊重自然基质。

在高速入城口景观设计中有许多项目范围广，可以利用关于大地理尺度景观的生态基质、蓝带、灰带等景观概念，即地形地貌、山林湖海、乡村田园等大地理景观，从气候角度、水系的生理感知角度、生态基质的景观优势等角度考虑高速入城口景观设计，使高速入城口景观斑块与周围美好的大自然环境更好地衔接，融为一体。

（10）人性化设计。

高速入城口是人流车流最集中的地方，出入人群较多，同时也有一些临时停靠和需要服务的人员，需要始终如一地坚持人性化设计的原则，注重人们的心灵需求，细致入微地设计出体贴人性的景观界面、无障安全的交通系统，以及充满绿色生机的亲近自然、休闲景致、高效舒适的入城口空间。

5 高速入城口景观设计的步骤及注意事项

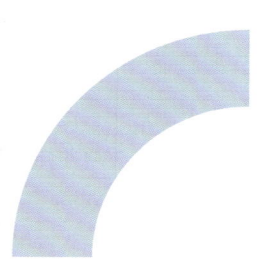

一般的景观设计步骤包括前期分析和策划、概念方案设计、方案成果设计、扩初设计、施工图设计与施工配合等阶段，高速入城口景观设计流程与其基本一致，但也有特殊性和特别需要关注的地方。

5.1 高速入城口景观设计的步骤

入城口景观设计是风景园林设计的一部分，同样遵循风景园林设计的基本方法。冯宜冰先生在《风景园林设计实践的传统理法思考》中提及的"天人合一"的哲学思想统领下总结提炼出的六大理法"问名、相地、立意、布局、理微和余韵"成为传统风景园林造园理法在现代风景园林中的普遍应用。景观设计是一个推理的过程，设计的目的是"解决问题"并营造美好环境，因此首先要发现问题，主要是通过"问名和相地"对原有场地的分析，一般包括对区位、历史文脉、功能、地理条件、交通流线、周边等客观条件进行的分析，找出问题所在，然后针对问题，进行"立意、布局、理微和余韵"等过程推导出解决问题的最优方案。

因此，高速入城口景观设计也可以遵循六大理法的阶段和步骤，即"问名、相地、立意、布局、理微和余韵"，对高速入城口的客观条件进行完整的逻辑分析，提出问题、思考问题、提出解决方法的方案设计，然后进行深化设计的初步设计和施工图设计，以及施工配合过程，进行施工图的修补和完善，如图5.1所示。

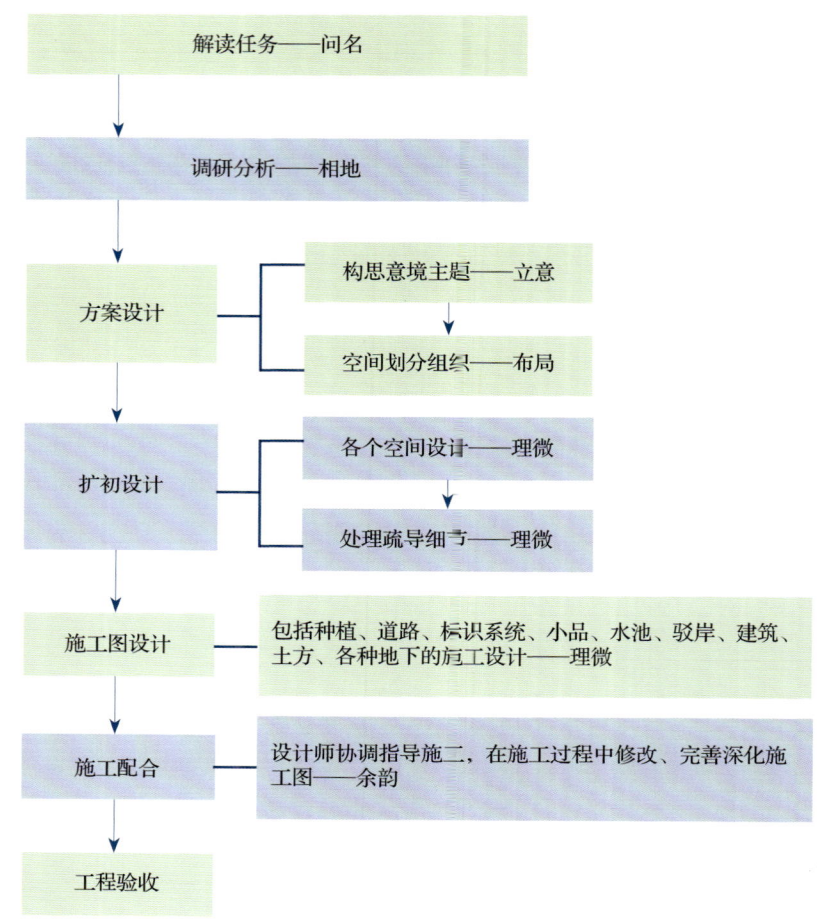

图 5.1 园林景观设计-实施的步骤

5.2 分阶段关注重点和建议

高速入城口景观设计的阶段与其他园林景观设计项目的常见阶段相同，包括方案阶段→初步设计阶段→施工图设计阶段→施工配合阶段→竣工验收阶段。即首先提出解决问题的最优方案；然后进入初步设计阶段，撰写设计说明，绘制设计图纸，完成工程概算书，提交审批；审批完成后，即可进入施工图设计阶段；最后进入施工监理工作流程和竣工验收流程。

虽然高速入城口景观设计与园林景观设计的阶段相同，但高速入城口景观设计施工过程中有其特殊性，这里重点讨论高速入城口景观设计施工中需要特别关注的步骤和方法。

5.2.1 方案阶段关注重点和建议

高速入城口景观方案阶段的总体步骤包括五步，具体是：解读任务→现状调研→立意（个性定位与总体设计思路）→空间架构（功能分区、空间体系构建）→专项设计，见表5.1。

高速入城口景观方案设计阶段受场地和强烈的功能性要求影响，包括交通组织模式、道路及匝道形式、防护绿地要求等，有其特殊性，因此在规划设计的时候需关注和入城口特色相关的要素。

表5.1 高速入城口景观方案设计步骤

设计步骤		园林景观设计的详细步骤		高速入城口景观设计关注的重点和建议
1	解读任务	解读设计任务	项目的名称，研究招标文件	高速入城口的区位名称和定位
2	现状调研	考察场地，分析如何利用有利因素，将不利因素变为有利因素。正如《园冶》中的"相地合益，构园得体"	上位规划分析	城乡规划、城市设计、城市特色、城市文化、城市绿地系统、交通规划
			自然条件分析	地质地貌、地形、水文、地带性植被
			基础设施分析	收费站、道路、高架、地下管网、标识系统
			周边环境分析	城市街道背景特色、乡村自然特色、农业特色、环境特色
			历史文化分析	城乡文化和精神，民俗文化、历史文化、农耕文化
			城乡形象分析	鲜明的城乡形象、地域特征和风貌、社会经济特色、城市个性、市容市貌、城乡居民的整体价值观、精神面貌、价值取向、市民使用需求
			交通分析	交通设施、交通环境、关键节点、交通组织
			尺度分析	按速度景观进行分析
			视野视线分析	速度景观和场地内外空间的视野和视线分析
3	立意	确定主题和风格	个性定位	确定高速入城口景观的类型、风格、个性
			总体设计思路	确定入城口景观的目标、总体框架和思路
4	空间架构	功能分区	功能区块划分	入城口空间按照功能需要进行区块划分
			功能区块定位	明确分区主题与特色
		空间体系构建	构建空间序列	沿着轴线有秩序地组织一系列富有节奏和韵律美感的有文化展示功能的空间
			匹配适宜尺度	在速度景观下主要考虑大的景观尺度，协调速度和尺度之间的和谐关系
5	专项设计	绿化设计		入城口景观应以植物造景为主，结合地形的变化，利用群落来组织和划分功能空间，形成高低起伏的竖向界面
		构筑物设计		有高度识别性，主题突出，体现当地文化特色
		节点设计		体现城市形象和特色，符合城市设计的总体主题、风格和色彩，实现景观序列的合理性、完整性、统一性
		公共设施设计		注重实用性、功能性、美观性的和谐共存，充分展示城市文化的个性与魅力
		色彩设计		运用色彩的对比和调和规律、色彩的生理和心理作用、色彩的文化意义以及色彩的识别功能造景
		照明设计		在保证交通安全的前提下，遵循艺术性、文化性、安全性、协调性、环保性
		边界设计		注重植物围合的竖向界面和天际线，还要关注外部城乡环境和景观的因借
		交通智能化、信息化设计		利用人工智能和信息化技术，如智能化照明、智能化的公共设施和标示标牌等
		给排水设计		满足园林浇灌，充分利用地形布置排水系统
		海绵城市设计		绿地所在区域海绵城市相关技术指标，注重海绵城市技术应用
6	估算			响应投资估算
7	其他			需注意的其他问题或项目需特殊关注的问题

（1）现状调研。

高速入城口景观设计现状调研中除了常规的场地自然条件分析、植被分析、人工设施分析、周围环境分析、历史人文分析、尺度分析、视野视线分析以外，重点要对高速入城口所在的城市、附近的乡村、入城口的交通状况、场地功能、景观意象进行深入的分析。

1）城市氛围和意象。高速入城口景观设计是城市设计的一部分。入城口区域及周边环境也是城市绿地系统重要组成部分，与城市总体规划、城市绿地系统规划、城市设计、城市文化等有着极为密切的关系。作为城市的窗口，高速入城口景观设计必须详细分析城市文化、城市形象、土地利用规划、城市性质和发展定位、城市经济、城市人口、城市交通、城市历史演变、街道和道路规划、城市未来发展、场地周边的乡村规划等方方面面。

高速入城口不仅仅是城市的窗口，也是从城市进入农村的窗口，因此城市的氛围和意象的综合表达尤为重要，需要深入分析城市和乡村给人的印象和感受。包括城乡的建筑物、道路、交通、店面、旅游景点、生活设施等构成印象和感受的基本要素，还有市民行为、文化氛围、风土人情，甚至是一种方言、一份小吃、一套服饰，即城市的物质文明和精神文明，分析总结出城乡整体化的精神、风格与面貌，以及城乡居民的整体价值观、精神面貌、文化水平等。总结出包括政治、经济、文化、生态以及市容市貌、市民素质、社会秩序、历史文化等诸多方面最具代表性的城市形象元素。从而总结提炼出对高速入城口景观设计有指导意义的内容，获得"问名"的核心内容。

2）交通现状分析。道路是高速入城口最多也是最重要的设施，交通组织是高速入城口最为关键的因素。高速入城口景观设计过程中首要考虑的就是服务于交通，使交通更加安全、快捷和舒适。因此，高速入城口交通现状调研的主要内容包括交通设施、收费站、人流车流、入口、入城道路基础设施、交通环境、运输量、道路的关键节点、道路上的噪声粉尘等污染情况等内容，更加客观地对场地环境进行相关要素分析，实现设计过程中的景观环境和交通功能的充分对接和融合。

3）速度景观的尺度和视线分析。高速入城口有强烈的交通主导功能，大部分景观环境是在人们移动的状态下被欣赏的景观，因此，在尺度和视线分析方面有其特殊性。

首先要分析车速，分析与车速相适应的视距以及空间的尺寸，详细分析尺寸和视线控制标准及舒适度、科学性和实用性，分析行车人视域、视高、视距和视线，以确定高速入城口各个功能空间和观赏点的方位、尺寸、比例、面积等，分析符合移动时人眼的最佳视角与视距，达到无需抬头和转头就能观赏而没有视觉疲惫，并且合理安排前景、中景、远景及全景的观赏效果。匝道多为曲线道路，一般限速30~40公里/小时，司机能看清的最近距离是1.71~3.39米，司机的注意力集中点在100~150米区域，因此，在遵循交通安全性原则的基础上，在距离匝道100~150米的视觉焦点区域内可适当放置标志物景观或者景观节点，在曲线匝道行驶过程中有动势向心的作用，标志物景观或者景观节点的位置在曲线的圆心附近位置。在匝道边1.71~3.39米范围内不要设置景观。入城道路一般限速40~60公里/小时，司机能看清的最近的距离是3.39~5.09米，司机的注意力集中点在150~280米区域，景观节点或标志物景观就要放置在150~280米的范围内比较合适，入城口道路边3.39~5.09米内不要设置景观，5米以外到焦点位置的行车安全可控范围内可设置引导性景观。

（2）确定设计思路。

作为城市的第一风景线，高速入城口是突出城市印象的重要窗口和名片，因此，每个高速入城口都力求在较小的范围内有效展示出城市的特色和精髓，使人们在入城这一较短时间内就能感受到城市的文化和精神，认识和了解城市。因此，高速入城口景观定位一定要从城市的性质、城市社会、文化信息、交通现状和主要功能出发，综合考虑高速入城口的窗口标识功能、交通功能和文化功能，结合入城口的面积以及速度景观分析，选择和提炼出最能代表城市文化和内涵的要素，比如历史人物、城市文化、城市性质、城市精神等方面，像临安的钱王钱镠、杭州的兼具古典与现代的文化之美、上海的现代化大都市、义乌的鸡毛换糖开拓创新精神等，从而确定高速入城口的主题定位和风格。在综合效益最优化的基础上，确定高速入城口景观设计的总体目标、框架和思路。

（3）功能组织和分区布局。

1）功能分区。高速入城口景观是一种特殊的线状空间景观，类似于道路空间，但又与道路景观有很大差别。高速入城口经常被划分为匝道区、收费站区、集散区、入城道路区、景观绿化区等区域。匝道区是从高速主路进入匝道至收费站之间的通道，视野开阔，具有可识别性和标志性；收费站区域主要为大型的构筑物，是车辆出入城区的大门，也是过路收费的地方；集散区位于收费站至入城道路之间的开阔区域，作为进入城市道路的过渡空间，用于交通中短暂的停留；入城道路长短不一，从集散区开始到城市明显的标志物为止的一段通行道路，也是展示城市风貌的最佳路线。

在确定了高速入城口的景观定位、总体目标、框架和思路的基础上，对高速入城口的各个区段进行功能分区，首先梳理出各个区段的功能和行为需求，进而在移动视线和尺度分析的基础上，根据高速入城口的各种功能和内容赋予其最为适宜的空间位置、空间类型和面积，最后清晰合理地划分、组织和编排各个区段的功能空间，同时整理出各个区段空间所承载内容的设计原则。从而形成清晰的高速入城口功能空间模式的组合关系，并用框图法，即泡泡图解法绘制功能分区示意图。在此过程中特别要注意：确定展示城市形象、特色或者文化的主景、焦点景观和其他景观节点的位置以及高速入城口的总体布局，采用的风格和特点。

为更好地整理和统筹相关思路，建议用表格的形式制定出设计意向书，写明高速入城口总体设计的原则和目标。

2）空间体系构建。高速入城口大多是一个线性空间，在设计中要先界定入城口景观轴线，然后确定空间序列。通常在景观设计中，设计师会按照道路的轴线方向有秩序地组织一系列富有节奏和韵律美感的功能空间。入城口道路两侧的空间除了需要具备必要的节奏和韵律感外，还要注意以正确的次序排列各个空间的秩序，注意各个空间的衔接处理，还要注意利用各个空间生动地反映城乡文化特色，展示城市画卷。

阿摩斯·拉普卜特在《文化特性与建筑设计》一书中写道："人们对于尺度的选择和陈述时，往往从大尺度的元素进入。"在高速入城口景观设计中特别要注意考虑速度景观下的尺度的适宜性，在速度景观下主要考虑大的景观尺度，不同的速度对应不同的尺度，协调速度和尺度之间的和谐关系。

（4）高速入城口的专项设计。

1）构筑物设计。高速入城口的构筑物主要是收费站和管理用房，收费站往往成为高速入城口的主景，因此收费站的设计不但要有高度识别性，主题突出，体现当地城市文化特色，还要注意与周围环境相协调，更要依据《高速公路交通工程及沿线设施设计通用规范》（JTG D80—2006）。

2）绿化设计。从生态的角度以及与周围环境融合的角度考虑，入城口景观应以植物造景为主，结合地形的变化，不仅用群落来组织和划分功能空间，还要用植物的立体空间（林冠线）组成高速入城口高低起伏的自然式的竖向界面。不仅要用植物拉高入城口周围的天际线，还要为入城口设置防风屏障、隔声屏障、开阔草坪、视觉屏障、景观植物种植区等，其中开阔的草坪很重要，能保障交通的安全性和舒适性，同时也能打开视距，使行车人在移动中能看到植物所要表达的风土人情、地方特色、人文意境、象征意义和文化内涵。

3）焦点与节点设计。凯文·林奇在《城市意象》一书中将节点解释为"是观察者进入城市的战略点"。高速入城口的景观节点是入城口景观区域的重要景观点与象征性空间，焦点一般放在道路交叉口和入城口轴线以及司机视线的端点，一般作为主景，在入城口的线性空间里，这些焦点和节点为行车人带来动态的视觉景观和连续的视觉体验，相当于"视觉走廊"，享受到视觉变换的愉悦、减轻了行进的疲劳感，并增强了入城口的识别性。因此，在高速入城口景观设计中需要特别关注：焦点与节点要体现城市形象和特色，符合城市设计的总体主题、风格和色彩，把握整体的审美基础；还要关注交通的安全性以及入城口景观序列的合理性、完整性、统一性，虽然也要有一定的变化和多样，但入城口道路的统一和简约更为重要，车速快节点较多容易眼花缭乱，产生审美疲劳，一般来说，节点变换的频率约为60~100米/次，视速度快慢和空间大小加以调节，但远远大于静止景观的25米/次。

4）公共艺术与环境设施设计。在高速入城口的公共艺术与环境设施设计方面需要关注的是公共艺术与环境设施不仅要有实用功能，保障交通的舒适性和安全性，还要注重表达城市历史文化、城市精神以及当地居民的生活历史和文化态度，彰显出独有气质的文化；要针对高速入城口完善各项服务功能，主要包括信息设施（指路标志、导游图）、卫生设施、照明设施、交通设施以及艺术景观设施等，尤其要注重交通设施的设计，注意将公共艺术和交通设施融入到自然和人文环境之中，注重实用性、功能性、美观性的和谐共存，充分展示城市文化的个性与魅力。

5）交通照明设计。高速入城口的照明设计已经成为城市中的特色人文景观，受到普遍重视，在保证交通安全的前提下，遵循艺术化性、文化特色性、安全性、可行性、协调性、环保性原则，照明设计使整个入城口和城市规划相辅相成，整体风格和周边环境相协调。

6）边界设计。高速入城口的空间边界是在入城口景观实体与外界环境之间的边界空间。入城口为狭长的线性空间，因此，高速入城口景观设计特别要注重除了植物围合的竖向界面和天际线外，还要注重外部城乡环境和景观的因借，使入城口边界空间体现出一种整体性、开放性和综合性的和谐空间，美观与实用相统一、地域性和观赏性相结合，对城乡融合具有重要意义。

7）交通智能化、信息化设计。高速入城口景观设计要注重利用智能化和信息化的技术，因为这样更能体现城乡现代化水平和居民高质量的生活品质，也更加方便快捷。如智能化照明、智能化的公共设施和标示标牌等。

8）给排水设计。为了保证交通的安全和生态性，高速入城口景观设计特别要注重应用海绵城市的理论进行高速入城口的给排水设计，利用地形的起伏多变、河湖池塘等水体和集雨沟进行高速入城口的排水设计。城乡交界的入城口面积大，基础设施较差，地形复杂，设计人员一定要做好实地踏勘，结合坡度进行合理控制，科学合理地设计给排水设施，合理分布管道，不能过于散乱，排水系统的竖向设计要注意维持区域生态系统的稳定，以便达到最好的效果。

9）交通宣传牌和形象展示牌设计（交通标识系统）。作为入城的连接点，高速入城口特别引人注意。因此要特别注重交通标识系统的安全指示和城市文化内涵特征的艺术化表达，以及城市空间信息的艺术性展示。所以，高速入城口的标牌、指示牌、路标等标识物和城市识别设施一定要进行艺术化和整体化的设计，使入城口空间环境人性化，使景观标识成为入城口的有机组成部分，成为入城口景观的优化和补充。

10）投资估算。根据景观方案确定工程建设各子项内容，粗略估算各子项工程量和单方综合造价，编制投资估算，且需控制在可研阶段编制的估算范围内。

5.2.2 初步设计阶段流程

高速入城口景观方案确定之后，进入初步设计阶段，高速入城口景观初步设计的流程与园林景观初步设计相同，都是对各个功能区块、空间序列、以及各个专项进行深化方案的初步设计。高速入城口景观设计有其特殊性，景观设计围绕交通设施和交通组织进行，设计团队不仅内部要对设计图纸进行审核，要与建设方多次沟通，还要邀请交通部门一起讨论，对景观设计方案达成共识，并邀请专业人士配合进行图纸审查，按照修改意见进行修改完善，最后得到扩初设计方案。

高速入城口最重要的是明确核心景观内容和交通内容之间工程碰撞的工程边界，同时明确相关专业或者系统之间的协调。高速入城口景观初步设计内容主要包括初步设计文件目录、设计说明书、图纸、主要设备及材料表以及工程概算书等，进行总平面优化，确定最终总平面布置图，确定总体竖向设计和局部地形设计，植物配置及苗木清单，主要分区放大平面设计，道路及地面铺装形式及材料处理方案，分车带、道路交叉口、交通岛等初步设计，焦点或节点初步设计，小品及设施初步设计，景观照明灯具选型，绿化浇灌布置方案，景观工程概算书等。

高速入城口地形复杂，特别要强调的是竖向设计要更为细致和精确，达到修建、实施的深度，确定入城口场地内和周边道路的详细尺寸、红线宽度、路拱标高、路面、进水口标高；水体的主要控制点坐标、标高及控制尺寸；要标明自然水系、人工水系、水景；入城口道路系统及行人车辆出入口位置及道路中心交叉点坐标；与管线综合协调，确定各工程管线交会处的衔接标高；确定给排水工程管线、道路等线性密切配合；同时更精确地计算土方工程量。在种植设计说明部分要特别强调场地平整要求，苗木选择一定要选择低维护的植物；这里针对高速入城口景观设计中的特殊性进行特别的论述。具体流程见表5.2。

表5.2 高速入城口景观初步设计阶段流程

设计说明	设计说明书	项目概况	项目区位、建设规模、设计内容
		与入城口相关的设计依据及基础资料	相关专业基础资料：规划设计文件、初步设计文件、规划方案初设文件及审批意见
		各个专项的深化设计	收费站设计
			竖向设计
			绿化设计
			分区放大设计
			道路、铺装设计
			分车带设计

续表

设计说明	设计说明书	项目概况	项目区位、建设规模、设计内容
		各个专项的深化设计	节点设计
			小品与设施设计
			灯具设计
			给排水设计
			海绵城市设计
			特殊情况说明
设计图纸		相关专项图纸绘制	总平面图、分平面图、详图大样、系统图等
工程概算书		工程量清单及投资编制	列出各专项的工程量清单； 参照定额编制报价
审批		技术成果审查	满足评审要求后获初设批复文件

5.2.3 高速入城口施工图设计阶段流程

与园林景观设计一样，高速入城口景观设计在确定扩初设计方案后，就可以进行扩初图方案交底，确定扩初方案后，就可进行施工图设计，施工图完成后进行多方审核、交流和修改，将审核通过的施工图提交资料室存档，然后就可以进行施工图的甲方、设计方、施工方、监理方等四方交底，对图纸或者模型进行推敲。施工图文件深度应达到能据以编制施工图预算、安排材料、进行施工和按照、以及进行工程验收。

高速入城口景观施工图主要内容包括总平面定位图、总平面竖向设计图、总平面种植设计图及苗木表、总平面景观照明、浇灌配置图、分区平面布置图、分区平面定位图、分区放大平面铺装设计图、各区重要节点设计详图、小品建筑布置图、景观土建专业施工图、景观结构专业施工图、道路平面图、管道综合图、施工图设计说明等。需要重点关注的是：入城口场地保留的地形和地物；入城口场地周边四界的测量坐标（或定位尺寸），道路红线和用地界线的位置与道路、水面、地面的关键性标高；入城口场地周边和场地内原有及规划道路的位置（主要坐标值或定位尺寸）；道路、无障碍设施、排水沟、挡土墙的定位，护坡的定位（坐标或相互关系）尺寸；道路、排水沟的起点、变坡点、转折点和终点的设计标高（路面中心和排水沟顶及沟底）、纵坡度、纵坡距、关键性坐标，道路要标明双面坡或单面坡，必要时标明道路平曲线及竖曲线要素；挡土墙、护坡或土坎顶部和底部的主要设计标高及护坡坡度；用坡向箭头表明地面坡向，当对场地平整要求严格或地形起伏较大时，可用设计等高线表示；各管线的平面布置，注明各管线与构筑物、道路、绿化之间的距离，并注明主要交叉点上下管线的标高或间距；构筑物的名称或编号、层数、定位（坐标或相互关系）尺寸；海绵城市技术的落实和应用，以及与交通设施的衔接与碰撞。主要内容见表5.3。

表 5.3　高速入城口施工图设计阶段流程

总图部分	总平面图
	索引平面图
	定位平面图
	竖向平面图
	网格定位图
	公共设施平面布置图
	海绵城市平面图
详图部分	土建部分：构筑物、园路铺装等平面图及详图
	植物部分：苗木表、植物配置总平面图、植物乔灌地被分幅平面图
	水电、结构部分：设计总说明、系统图或结构图
	公共设施部分：点位分布图及设施详图

5.2.4　施工配合阶段重点关注的内容

配合施工阶段包括施工前准备阶段、施工阶段、工程竣工验收阶段等三个阶段。

施工前准备阶段要召开四方会议，进行图纸会审和设计交底，介绍高速入城口景观的设计意图、主要设计参数、施工中应注意的问题等，协助施工单位、甲方及监理单位熟悉入城口景观施工图等有关资料，尤其要提出施工时要与交通部分随时沟通，注意施工过程中与交通设施边界的处理，施工材料要使用低维护甚至是免维护的材料，海绵城市则要符合规范，并应用最新的施工材料和施工工艺。

施工阶段根据需要派设计人员驻场，协调解决施工过程中发现的设计问题和临时突发问题。高速入城口地形复杂，道路纵横交错，管线众多，而且施工过程中客观因素存在很多变化，会遇到很多突发问题和施工调整及设计变更的问题，就需要设计师现场解决。因此，高速入城口施工阶段特别要关注：提前弄清地下管网、交通设施维护情况、地下水位等情况，预见景观施工与交通设施可能出现的碰撞、海绵城市施工过程中可能出现的问题、难点和关键点，及时协助施工单位解决相关问题。设计师驻场期间要加强现场巡检，检查核对设计图纸，及时发现问题并提出处理措施。针对施工过程中出现的技术问题，提出相应的技术处理方案，及时协调相关单位商量解决。

工程竣工验收阶段，设计师要配合竣工验收，对采购的材料和设备的规格型号、性能进行确认，参与验收交流、审查、会签、样品确认等工作。

5.3　高速入城口景观设计关注要点汇总

汇总以上步骤，高速入城口景观设计在不同阶段需要重点关注的内容见表 5.4。

表 5.4　高速入城口景观设计在不同阶段的重点

设计步骤		园林景观设计的详细步骤		高速入城口景观设计关注的重点和建议
方案阶段	问名	解读任务	项目的名称和任务	高速入城口的名称和定位
	相地	考察高速入城口的场地，从各个方面进行分析	上位规划分析	与入城口相关的城乡规划和设计、交通规划
			自然条件分析	与入城口相关的自然条件

续表

设计步骤			园林景观设计的详细步骤	高速入城口景观设计关注的重点和建议
方案阶段	相地	考察高速入城口的场地，从各个方面进行分析	人工设施分析	收费站、道路、高架、地下官网、标识系统
			周边环境分析	入城口周边城乡环境分析
			历史文化和城市分析	与城乡相关的历史文化和精神、城乡风貌
			交通分析	入城口交通的详细情况
			尺度分析	作为速度景观的尺度分析
			视野视线分析	速度景观和线状空间的视野和视线分析
	立意	确定主题和风格	个性定位	确定高速入城口景观的类型、风格、个性
			总体设计思路	确定入城口景观的目标、总体框架和思路
	分区	功能分区	功能分区示意图	入城口每个区段功能空间的划分和组织
			写出设计意向书	写明入城口现有条件的利用和处理方法
		空间体系构建	空间上的秩序性	沿着轴线组织一系列功能空间
			尺度上的适宜性	在速度景观下主要考虑大的尺度景观
初步设计阶段	理微	设计说明	设计依据及基础资料	特别关注与高速公路交通工程设施相关的规范
			工程概况	入城口的交通现状、面积、范围、目标
			竖向设计	交通设施竖向与景观竖向的关系，排水视线地形
			场地排水设计	高速入城口的海绵城市技术与排水结合
			交通设施	根据相关规范设计
			主要景观物料	包括交通设施、景观元素和海绵城市的元素
			道路—绿地交界面处理	注重与交通设施的衔接，并提出交界面的处理方法
			特殊说明	根据项目特征补充说明
			材料列表	鼓励应用新技术、新材料
		专项设计	绿化设计	入城口景观应以植物造景为主
			构筑物设计	收费站为主要构筑物
			焦点与节点设计	一定要体现城市形象和特色
			公共艺术与环境设施设计	不仅要有实用功能，还要注重表达城市历史文化、城市精神以及独有气质的文化
			色彩设计	注意运用色彩美学原理
			交通照明设计	既安全，又有艺术性、文化性、可行性等
			边界设计	注重外部城乡环境和景观的因借
			交通智能化、信息化设计	注重利用人工智能和信息化的技术
			给排水设计	注重应用海绵城市的理论进行给排水设计

续表

设计步骤		园林景观设计的详细步骤		高速入城口景观设计关注的重点和建议
初步设计阶段		专项设计	交通宣传牌和形象展示牌设计	要特别注重交通标识系统的安全指示和城市文化内涵特征的艺术化表达
			海绵城市设计	要重视海绵城市技术的应用
			需要说明的其他问题	注重高速入城口的特殊性
		工程概算书	按各专项设计内容统计的工程量清单编制的报价清单	
施工图阶段	理微	说明部分	侧重具体施工要求，强调操作性	
		总图部分	总平面图	
			索引平面图	
			定位平面图	
			竖向平面图	
			网格定位图	
			海绵城市平面图	
		详图部分	土建部分：侧重专业统筹设计，防止错、漏、碰等	
			植物部分：以乡土树种为主导，并突出主题风貌	
			公共设施：注重地域文化表达	
施工配合	余韵	准备阶段	图纸会审和设计交底	
		施工阶段	解决施工实际问题	
		工程竣工阶段	配合竣工验收，参与验收交流、审查、会签、样品确认等工作	

6 高速入城口景观设计案例分析

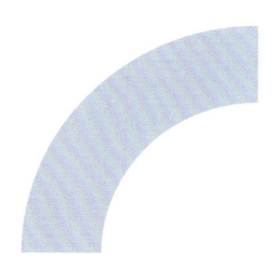

本书的编写团队在多个高速入城口项目中进行了理论与实践的充分结合,并获得了较为广泛的社会认可。结合上文相关理论,本章节主要针对具体高速入城口实施案例进行剖析阐述。

6.1 案例一:迎宾公园——杭州余杭沪杭高速临平入城口景观工程

项目地点:浙江省杭州市

设计时间:2018年

建成时间:2019年

委托单位:杭州余杭基础设施建设有限公司

用地面积:8.5公顷

项目成员:汪洋、沈灵之、叶晓敏、傅睿、陈锋、楼佳宁、潘洋洋、金利华、庞立峰、李金、宋俊、陈晓宁、邹豪

6.1.1 项目概况

杭州余杭沪杭高速临平入城口位于沪杭甬高速余杭收费站北侧的入城口,占地约8.5公顷,是余杭临平新城的城市门户,也是临平新城的景观地标(图6.1)。

改造前沪杭高速余杭入城口,存在空间层次单一、配套设施缺失、绿地参与性差、绿化品质一般、交通组织欠缺、缺乏视觉焦点等问题。未能充分体现临平新城独特的山水格局和新城智慧科技的发展特色。在以"美丽入城口""全域美丽""八口八线"美丽公路的建设为背景下,余杭沪杭高速临平入城口也有了新的要求,如打造余杭最靓丽的城市名片;构建一个可观、可游、可读的高速入城口迎宾公园;在城市形象需求和自然之间找到共享的均衡等。以上为临平入城口工程需要重点思考和解决的问题。

6.1.2 规划设计

临平城依山而建,因水而兴,城市结构独特,"十里青山半入城"这句诗十分贴切地描绘了城区和山体之间的共生关系。本次设计结合临平独特的山水文化,以"隐于山水之间"为发展主线,提出"绿色门户、城市山林"的设计理念。通过地形改造、植物景观提升、配套设施完善等途径,使余杭沪杭高速入城口最终蜕变为"不离繁华而获山林之怡,大隐于市而有林泉之致"的迎宾公园。通过"筑一方城市山水,游四时林泉佳境",展现临平新城和艺尚小镇最鲜活的诗意栖居画卷,使场地发挥多功能的综合效益,成为现阶段入城口景观工程的全新典范。

设计突出场地的整体性、特色性、生态性、人性化和复合型,创造多功能景观,可持续发展,创新标识,可操作性以及生态教育,兼顾形象展示与活动需求,将"山、水、城、人"的高速公路入城口与公园进行融合。通过场地整合,打造过站入城的三度空间序列。通过"标识——城市形象""迎宾——印象临平""入城——诗意新城"三重关系依次递进,组织层次节奏。从景观节奏来看,过收费站后,城市绿地空间瞬间打开,将新城景象以开门见山的方式直接表达,极具视觉冲击力和感染力。梳理现有的植物群落,重

图 6.1 杭州余杭沪杭高速临平入城口景观总平面图

塑地形和植物群落以及城市背景的关系，营造前景草坪、中层疏林草地和花带、远景背景林带和城市建筑背景共四大空间层次，丰富和优化林冠线和林缘线，与城市天际线形成"水—林—城"相互呼应并错落的和谐关系，突出临平新城"山水之城"的独特韵味。

本项目在场地具体设计中尤其关注地形的处理。在利用场地现状地形、保留大片背景林带的基础上，通过微地形处理塑造缓坡草地，将原本割裂的两部分结合为一个整体，同时解决场地内部的排水问题。利用洼地，掇山理水，遵循"山有气脉、水有源头"的自然规律，丰富空间层次，搭建"淡烟流水城景幽"的城市山水空间骨架。

设计契合地形地貌广植嘉木，春赏繁花如雪，夏纳积翠繁荫，秋观林泉烟霞，冬看疏林晚照，四时之景不同。植物空间设计上，利用植物围合，平面上有聚有散；竖向上，分层设计，形成"乔木—亚乔—灌木—地被—草坪"的空间模式，绿化上，主要搭配种植了沙朴、香樟、银杏、早樱、鸡爪槭等植物，营造出自然生态的绿化景观。

入城口结合洼地新挖湖体约8500平方米，岸上林泉秀色、水下生机盎然。引入水下森林建构技术，通过水体检测处理、土壤改善、添加生态矿物基等技术手段，栽植四季常绿矮形苦草等沉水植物，投放鱼类和底栖生物，构建水下生态平衡系统，实现水体生物自净并促持水质稳定，使处理后的水质达到并保持国家地表水环境质量Ⅳ类水质标准，使景观水体维护达到低成本和长效可持续的目的。

6.1.3 工程建设及效果

余杭高速入城口项目很好地融入了公园城市的理念，打造了一个"城面园心"的特色迎宾公园，实现了人、城、境、业四大要素和谐共融，入城口以公园的形式展现出杭州城市的初印象，高效、集约化和可持续地营造了一个生态复合型空间，应用海绵城市、水下森林等低碳设计策略，构建稳定的生态系统，为人们提供生活、工作、交通、游憩、文化娱乐的空间，营造了一个"城在园中"的理想人居环境。

同时，临平入城口实现了城市形象展示和功能使用的最佳契合，遵循土地集约高效利用，重温人文关怀，一改传统入城口单一的形象功能，引园入景，构建多元活动空间，实现城市用地的多重综合效益（图6.2~图6.13）。

图6.2 杭州余杭沪杭高速临平入城口景观手绘图

图 6.3 杭州余杭高速沪杭高速临平入城口鸟瞰图

图 6.4 杭州余杭沪杭高速临平入城口鸟瞰全景

图 6.5 杭州余杭沪杭高速临平入城口鸟瞰实景(一)

图 6.6 杭州余杭沪杭高速临平入城口鸟瞰实景（二）

图 6.7 迎宾公园水景一角实景

图 6.8　杭州余杭沪杭高速临平入城口迎宾公园水体景观

图 6.9　杭州余杭沪杭高速临平入城口迎宾公园局部实景（一）

图 6.10　杭州余杭沪杭高速临平入城口迎宾公园局部实景（二）

图 6.11　杭州余杭沪杭高速临平入城口迎宾公园局部实景（三）

图 6.12　杭州余杭沪杭高速临平入城口迎宾公园局部实景（四）

图 6.13　杭州余杭沪杭高速临平入城口迎宾公园局部实景（五）

6.2 案例二：线性门户——杭州南入城口景观改造提升工程

项目地点：浙江省杭州市

设计时间：2013年

建成时间：2014年

委托单位：杭州市之江国家旅游度假区管委会

用地面积：32公顷

项目成员：傅睿、杨竣凯、汪洋、叶晓敏、陈锋、忻巧、庞立峰、张敏

6.2.1 项目概况

杭州南入城口北接之浦路，作为之江国家旅游度假区南北城市交通干道，也是杭州南部最重要的入城门户之一。整治范围南起杭州南高速收费站，途经麦岭沙立交，北至之江路，整治路段长约4公里，整治内容包含隔离带绿化、路侧绿化，占地约32.3公顷。

杭州南入城口及其北延之浦路呈现出指向鲜明的南北向线性空间，路侧绿带平均宽度30米，局部可达40米，现状笔直的线性空间和宽阔的路侧绿带均为构建大气的入城景观风貌提供先天优势条件（图6.14）。

6.2.2 规划设计

设计充分利用现状大气的空间形态，基于杭州南入城口功能特质和形象目标，营造大气热烈的迎宾氛围，在"魅力花廊、线性门户"定位下，引入大尺度、大空间的设计手法，构建生态品质、彰显空间开合有序、锦绣繁花、缤纷四季的线性门户景观。

根据场地特性，遵循动态景观设计相关原理，满足车行、人行等不同赏景速度，设置富有韵律感的景观空间。同时倡导低维护可持续的植物造景理念，以乡土树种为主，构建结构稳定的植物群落。

在具体设计方面，首先针对线性空间和较宽的路侧绿带，以进退有序、大气流畅的林缘线和疏密有致的路侧林带来共同构建开合有序的空间序列，营造舒适、富有韵律感的迎宾大道。其次，结合周边地块性质，统筹布局和

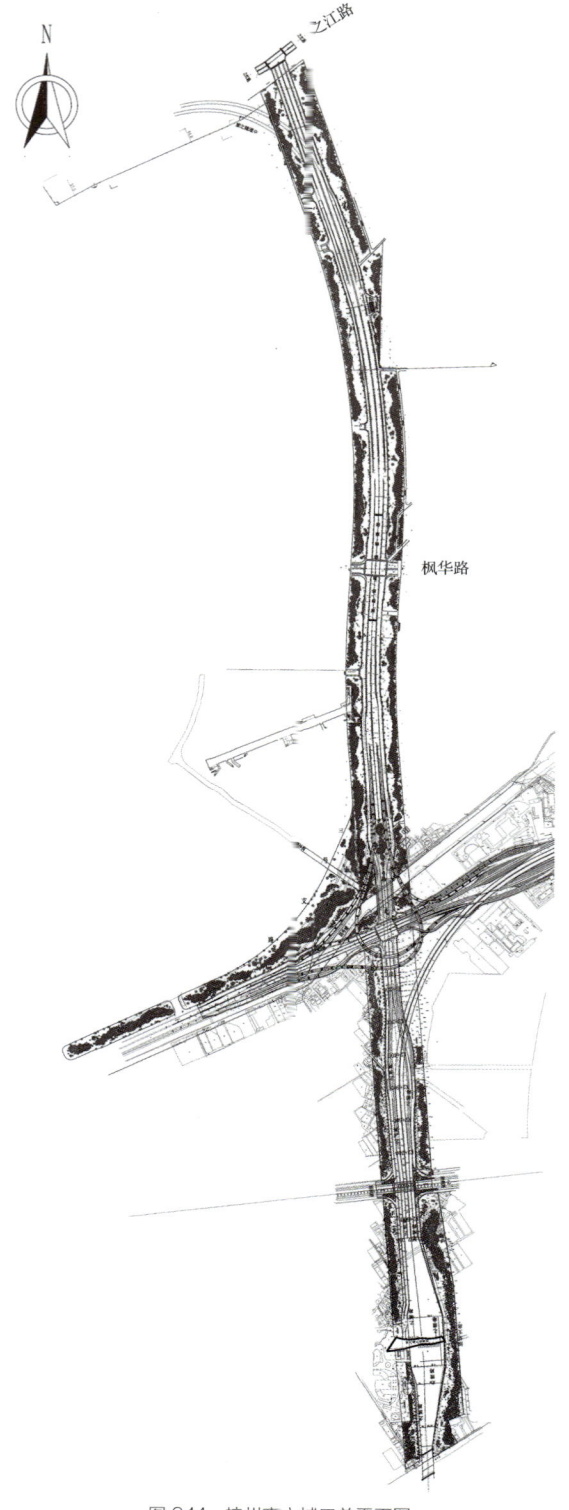

图6.14 杭州南入城口总平面图

设计与周边地块性质匹配的路侧绿化景观。此外，在植物景观方面，重点突出观花植物的应用，形成繁花迎宾的魅力花廊。并打造三大分区特色，分别是繁花嫣语的"春之丘"、绿茵芳林的"夏之湾"、缤纷映彩的"秋之港"。在此基础上，考虑入城流线的视角焦点与节点布局，共设有樱林溢彩、林影摇曳、碧丛染风、彩锦跃舞、花港幻彩、绿茵鸣翠、秋色缤纷七个主题节点，演奏七彩韵曲，营造视觉惊喜与焦点。

6.2.3 工程建设及效果

杭州南入城口充分发挥场地空间特性和优势，利用南北向线性空间和较宽的路侧绿带，以大尺度的植物林带色彩构建大气流畅的魅力花廊景观，同时合理设置景观节点以强调线性空间下的视觉惊喜，使得入城空间序列大气又富于变化。为同类型的线性入城门户打造提供了借鉴的范式（图6.15~图6.17）。

图6.15　杭州南入城口鸟瞰实景

图 6.16 杭州南路侧实景（一）

图 6.17 杭州南路侧实景（二）

6.3 案例三：枢纽门户——杭州绕城高速留下入城口景观工程

项目地点：浙江省杭州市

设计时间：2015年

建成时间：2017年

委托单位：杭州市西湖区城建建设中心、余杭区交通运输局

用地面积：52.5公顷

项目成员：茅惠惠、陈锋、汪洋、傅睿、叶晓敏、孙凯、王丹颖、厉莎、忻巧、孙茂青、陈峻、庞立峰、陈丁力、潘亚成、盛辉

6.3.1 项目概况

杭州绕城高速留下入城口位于西湖区留下街道与余杭区五常街道交界处，天目山西路与杭州绕城高速相交处，是杭州西部进入主城区的主要道路，是展示杭州城市形象的杭城西大门，是杭州走向世界、世界品味杭州的重要窗口之一。

留下入城口北至五常大道西，南到留工路，东至留下河，西临荆长大道，面积约52.5公顷。范围内包含互通立交，含多条匝道、高架，对视觉景观造成不利影响。总体地势平缓，有池塘、河流等水体景观，自然风貌基底尚可（图6.18）。

6.3.2 规划设计

设计提出"理、显、遮、透"四字策略，梳理立交、道路与场地内部的竖向关系，统筹处理绿化空间；重点凸显核心区景观和景观节点；遮挡场地边缘视觉效果较差的城市风貌；透出景观水体、周围山体景观和景观节点，加大景深。同时，在空间体系构建方面，突出强调天目山路迎宾景观带和互通核心景观区，并用背景林带有效界定场地外侧边界、遮挡周边不佳的城市风貌。此外，重点布局入城和出城流线上的视觉焦点与节点，常常设置在出入城边界处、道路转角口等处，使得入城和出城流线上形成富有韵律的空间节奏感，同时营造了视觉兴奋点以强化入城印象。

绿化设计采用"围合边界、突出中心、强化特色"的整治策略，总体呈现出"一心两带四边多线"的绿化格局（图6.19）。组织空间开合的序列布

图6.18 杭州绕城高速留下入城口鸟瞰效果图

置，采用相对开敞的景观视线，打开望水视线，构建进退有序的林缘线，并突出运用植物林带对高架匝道进行柔化处理。在凸显植物特色方面，用三大层次构筑入城口植物景观风貌：第一层次是大尺度的背景林带，群落变化的尺度在100米以上，构建高低起伏的林冠线变化，适合远望，主要响应车行速度下的入城口观景需求。第二层次是高低错落、疏密有致的植物组团，主要位于林缘附近，点缀树形优美的沙朴、乌桕、无患子等主景树，植物组团尺度为20~100米，适合中观，主要满足骑行、步行等速度下的景观欣赏。第三层次是精致的花境组团，尺度最小，花境组团大小均在20米以内，适合近赏，主要满足步行速度下的近距离欣赏。同时，以美艳壮观的秋景、多彩绚丽的宿根花卉、雅致的观赏草三大植物特色强化入城口印象。

6.3.3 工程建设及效果

入城口借助2016年中国杭州G20峰会的城市建设契机，在"杭韵西境"主题下，通过交通体系完善、景观绿化提升、建筑立面整治、夜景照明亮化等多方面的综合整治，面貌焕然一新，成功打造了展现杭州地域文化特色、开敞大气又精致和谐、立交互通型入城口景观的典范，被评为杭州G20最美入城口（图6.20~图6.28）。

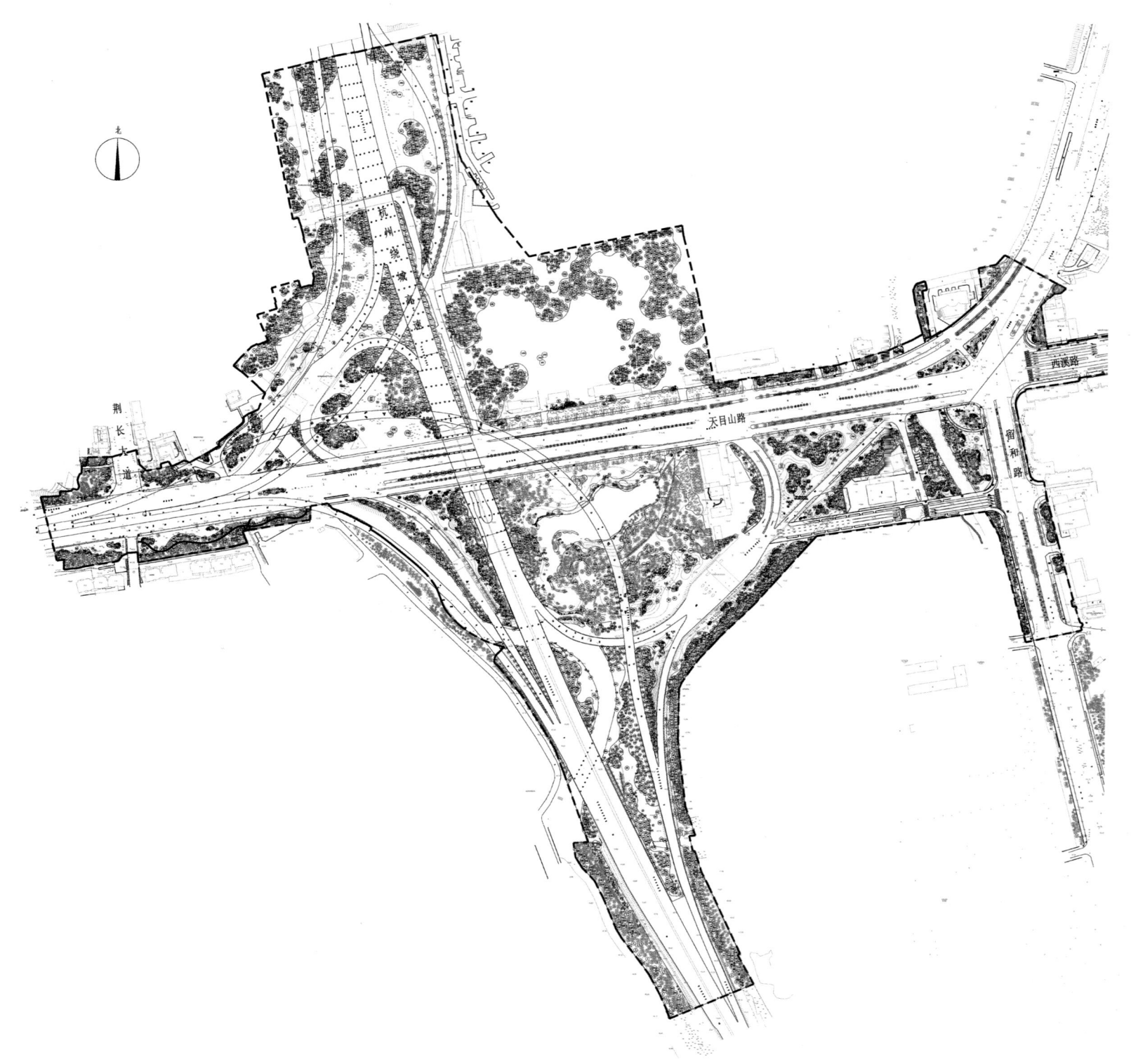

图 6.19 杭州绕城高速留下入城口景观总平面图

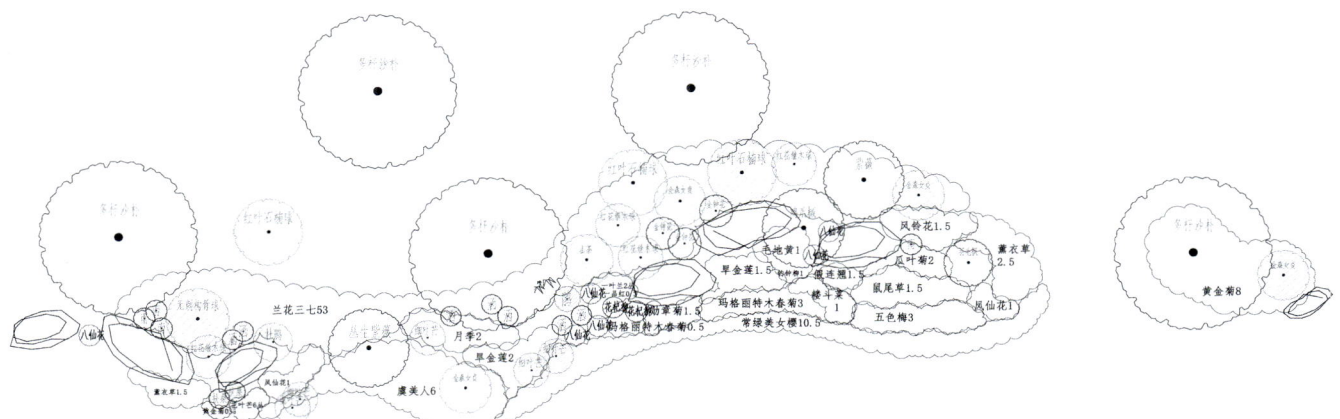

图6.20 杭州绕城高速留下入城口东北象限"沙朴—花境组团"

图 6.21　杭州绕城高速留下入城口东北象限匝道边绿地实景

图 6.22　杭州绕城高速留下入城口入城节点实景

114　第一风景线——高速入城口景观规划设计

图6.23 杭州绕城高速留下入城口出城节点实景

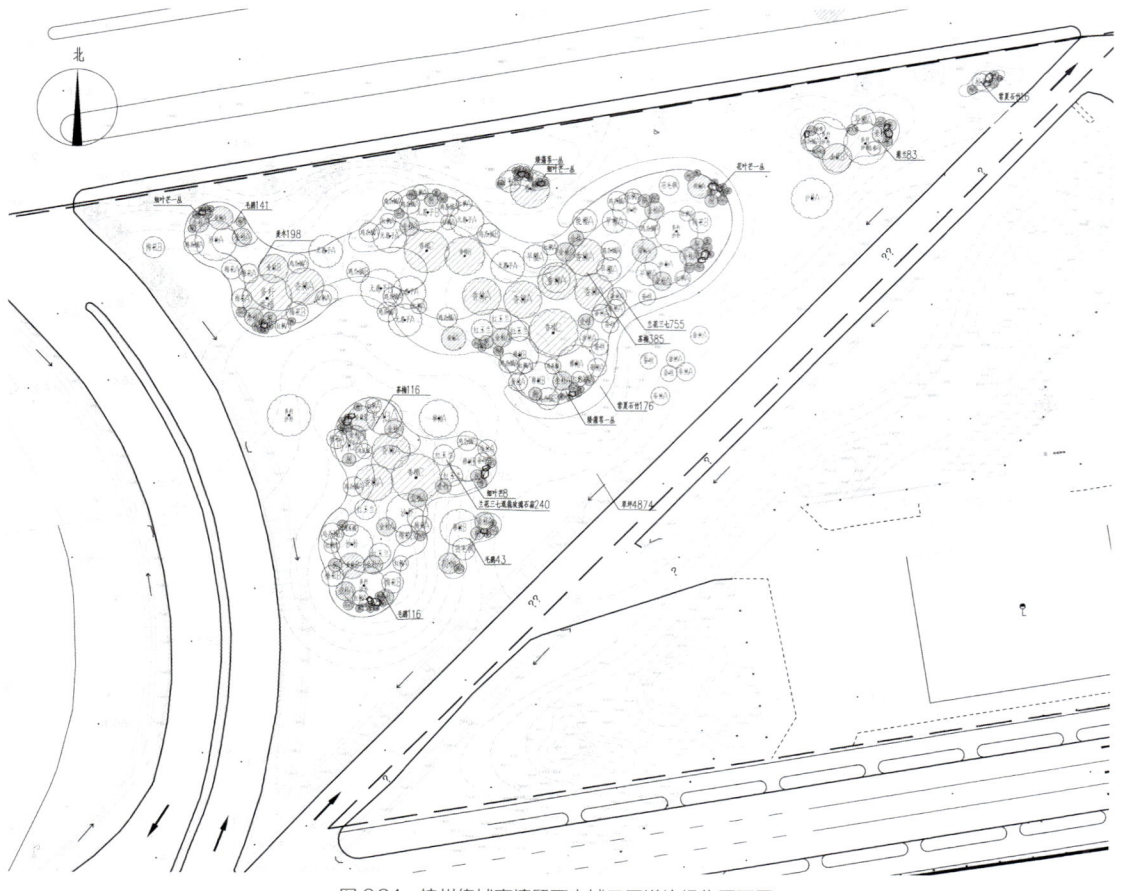

图 6.24 杭州绕城高速留下入城口匝道边绿化平面图

图 6.25 杭州绕城高速留下入城口匝道边实景

116 第一风景线——高速入城口景观规划设计

图 6.26　杭州绕城高速留下入城口高架边绿化实景

图 6.27　杭州绕城高速留下入城口道路隔离带绿化实景

118　第一风景线——高速入城口景观规划设计

图 6.28　杭州绕城高速留下入城口局部绿化实景

6.4 案例四：人文大道——衢州锦西大道景观工程

项目地点：浙江省衢州市

设计时间：2017年

建成时间：2020年

委托单位：衢州市西区开发建设管理委员会

用地面积：39.6公顷

项目成员：傅睿、陈锋、厉莎、张涛、王丹颖、陈连贵、庞立峰、袁金霖、李俊龙、陈仁慧

6.4.1 项目概况

锦西大道位于衢州市柯城区，市政府以西，与花园中大道、九华中大道等多条城市次干道相交，是衢州连接杭金衢高速、沪昆高速的重要交通节点，更是进入衢州的重要门户。

改造前锦西大道周边存在农居用地散乱、交通组织混乱、配套设施陈旧、绿化品质不佳、人文特色欠缺等问题。衢州"南孔圣地·衢州有礼"的城市品牌也没有得到体现。在"建设重要窗口"、实现"美丽浙江，建设大花园，拥抱衢时代"目标的契机下，锦西大道景观设计也迎来了新要求，需要将锦西大道打造成展示城市魅力的重要窗口、引领衢州大花园城市建设的步伐、擦亮美丽浙江的金名片，充分结合衢州城市形象和自然条件来展现活力新衢州的发展优势，烘托迎宾氛围，塑造衢州人文品牌（图6.29）。

6.4.2 工程设计

衢州具有浓厚的儒家文化底蕴、优质的自然生态环境和浓厚的休闲氛围，城市特色鲜明，设计结合以文化、休闲为中心，紧扣"南孔胜地""休闲衢州"的城市形象，提出从通过性的道路绿化转型为"大花园式景观"的设计理念，通过主题设置、节点布局、景观融合、配套设施完善等途径，将锦西大道打造成兼具城市形象门户、文化传播载体、休闲健康宜居功能的浙西第一花园大道。

设计突出整体性、特色性、功能性、内涵性、综合性，在深刻理解城市文化特色、准确把握城市多方优势的基础上，大胆设计构思，在"三张名片铸形象""锦绣花园显生态""因势利寻赋功能"三大创新设计策略下，设置模块节点、落实细节内容。通过"花舞迎宾""花林韵文""花海展程"三个功能分区来展示"花园大道"的迎宾形象和人文形象，总体呈现出"一廊融多园，三区展名城"的结构布局。道路路幅及两侧用地较宽，提升道路三条隔离带，重塑两侧绿地地形，依据四季变幻和不同赏景速度，营造尺度合宜的植物景观风貌，呈现纵向林冠线和林缘线的优美韵律，打造饱满热烈、简洁大气、生态舒适的入城口花园大道景观。道路路侧绿地运用绿道进行贯通，结合城市用地性质，设置具有不同功能、不同风貌的空间节点，展示迎宾大道、休闲大道、人文大道的独特魅力。

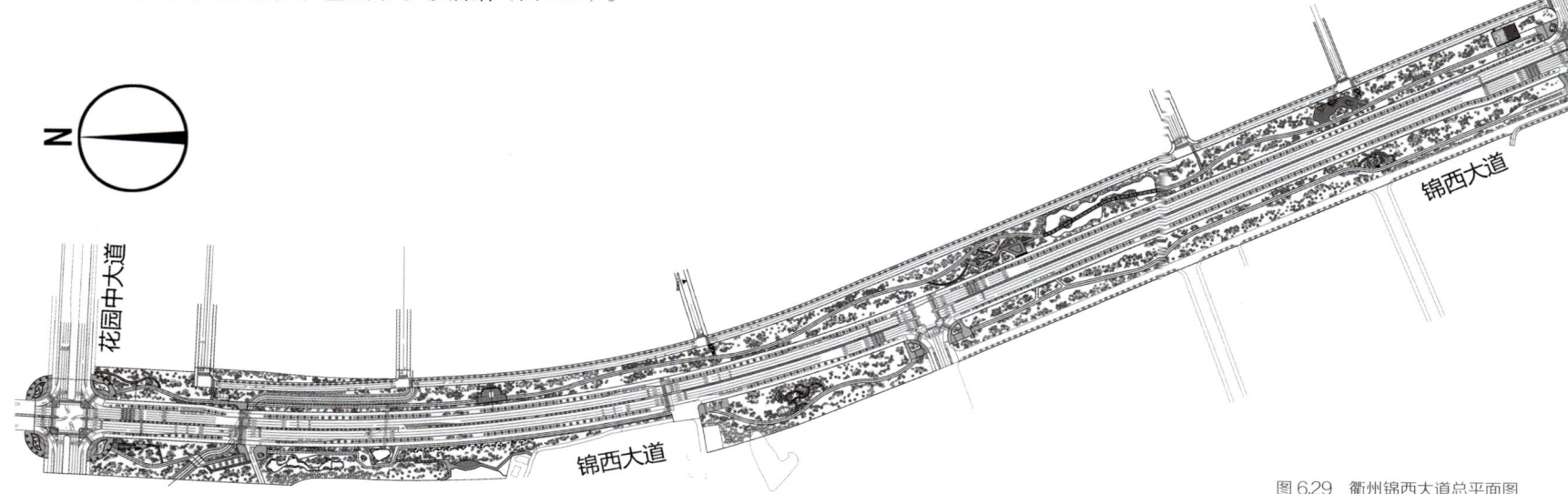

图6.29 衢州锦西大道总平面图

每个空间节点都有不同的表现手法和文化内涵。"锦门迎宾"位于收费站前，全长约500米，通过对收费站立面整治及进城道路景观提升，从"恢弘印象、锦绣繁花、人文风情"三个维度对衢州西入城口进行整体设计。塑造活力之门，呈现儒家礼乐思想。"锦门礼宾"是衢州西门户进入市区的第一个主入口，通过同心圆的形式展示交叉口的仪式感，使得儒家关于"礼"的核心思想氛围得以展现。"忆古亲仁"以景墙的形式描绘孔子开私学授课、教授仁爱思想的情景，向周边居民展示儒家仁爱、亲仁善邻的思想。"孝悌雅风"以二十四孝中"弃官寻母"的主题进行设计，诉说衢州深厚的儒学内涵和品德，结合疏密有致的林下空间突出文化氛围。"红泥印墨"以儒家"信"字思想为主题，通过印章来代表诚信和处事态度，融合文化景墙，并运用秋季色叶植物进行景观营造，突出文化意境。"先师学林"以儒家"智"字思想作为载体进行主题表现，拉近人与文化的关系，以桃李满园的植物景观特色进行环境氛围渲染。"恕枫听音"以儒家"恕"字思想作为载体进行主题表现，以红枫作为园区的主题树种，用红枫的飘落表达放下心态、宽容待人的儒学礼制，结合耐候钢营造深邃的空间氛围，形成以植物为特色的主题园。"乐田锦绣"以田园花海散落在地的意向，利用生态化处理的慢行主园路进行串联，生态园路亦同水纹，呈现乐山乐水的儒家文化，寓意回归本心、还原本真。

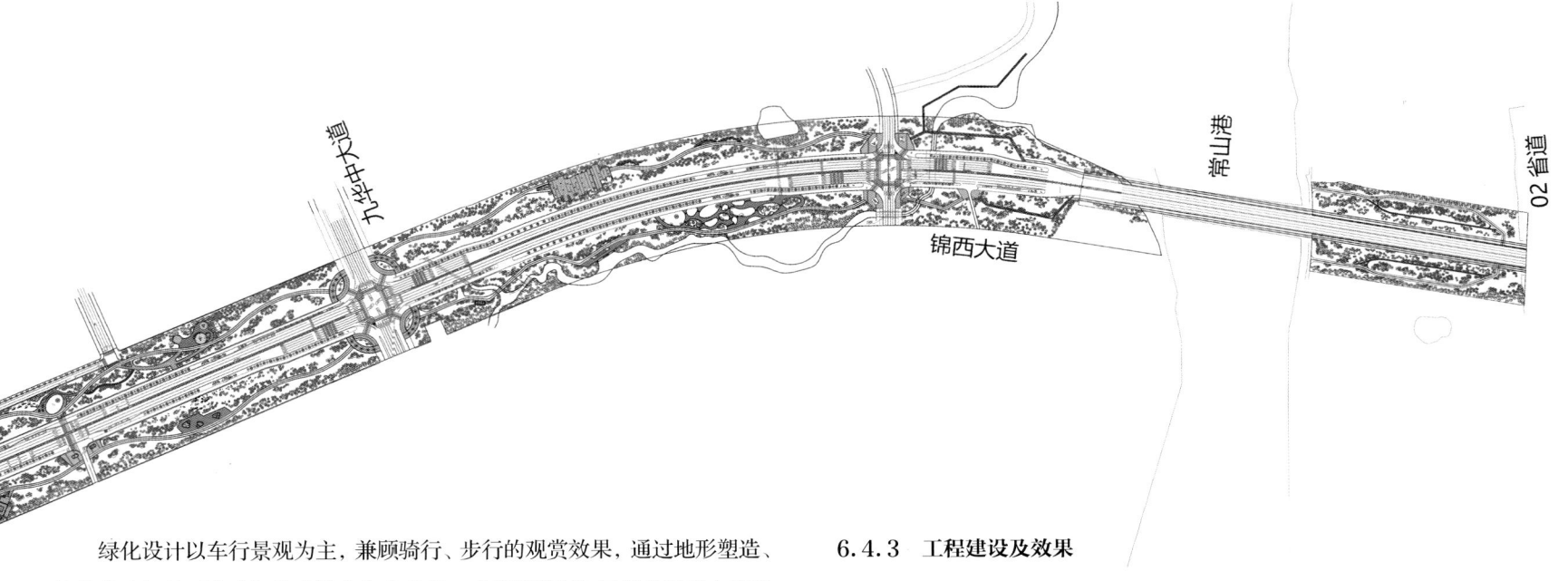

绿化设计以车行景观为主，兼顾骑行、步行的观赏效果，通过地形塑造、植物营造把锦西大道打造成城市生态花廊。"花舞迎宾"区以色叶乔木和开花小乔木为主，营造热烈、色彩丰富的植物景观，保留利用现状的黄山栾树结合寻桃、日本早樱等展示迎宾效果，前景以精致植物组团和大面积的草坪为主。"花林韵文"区以动感花廊里、儒雅显文脉为主题，以香樟、黄山栾树、榉树构建背景林，配以桂花和橘树，并在林缘片植观花小乔木，如梅花、梨花、海棠、二乔玉兰，布置各种玫瑰营造出幽香四溢、清雅宜人的居住环境，展现城市花廊。"花海展程"区以引枫林绿道，领十里红叶为主题，以乡土乔木香樟、大叶女贞、水杉、枫香为骨架，片植观花小乔木紫薇（百日红）、腊梅、紫荆，前景大面积布置宿根类花卉，如波斯菊、黑心菊、混色松果菊等，营造自然生态环境。

6.4.3 工程建设及效果

衢州锦西大道项目融入"大花园"设计理念，根据浙西第一花园大道的目标进行景观系统的构建，在节点模块、功能划分、配套设施建设、地域文化表达等方面均紧扣主题开展工作。项目建成后，衢州锦西大道的整体性、功能性、人文性、参与性与共享性得到充分的拓展与实现，区位优势、文化特色、生态景观、休闲氛围得以高质高效地呈现与表达。尤其是从衢州"南孔圣地"文化内涵中提炼的"仁、礼、智、信、恕、忠、孝、悌"核心思想，通过城市景观小品、场景营造等途径，构建了独具特色的人文景观风貌（图 6.30~图 6.39）。

图 6.30 衢州锦西大道锦门迎宾节点实景

图 6.31 衢州锦西大道锦门礼宾节点实景

图 6.32 衢州锦西大道锦门礼宾节点

图 6.33 衢州锦西大道乐田锦绣节点实景

124 第一风景线——高速入城口景观规划设计

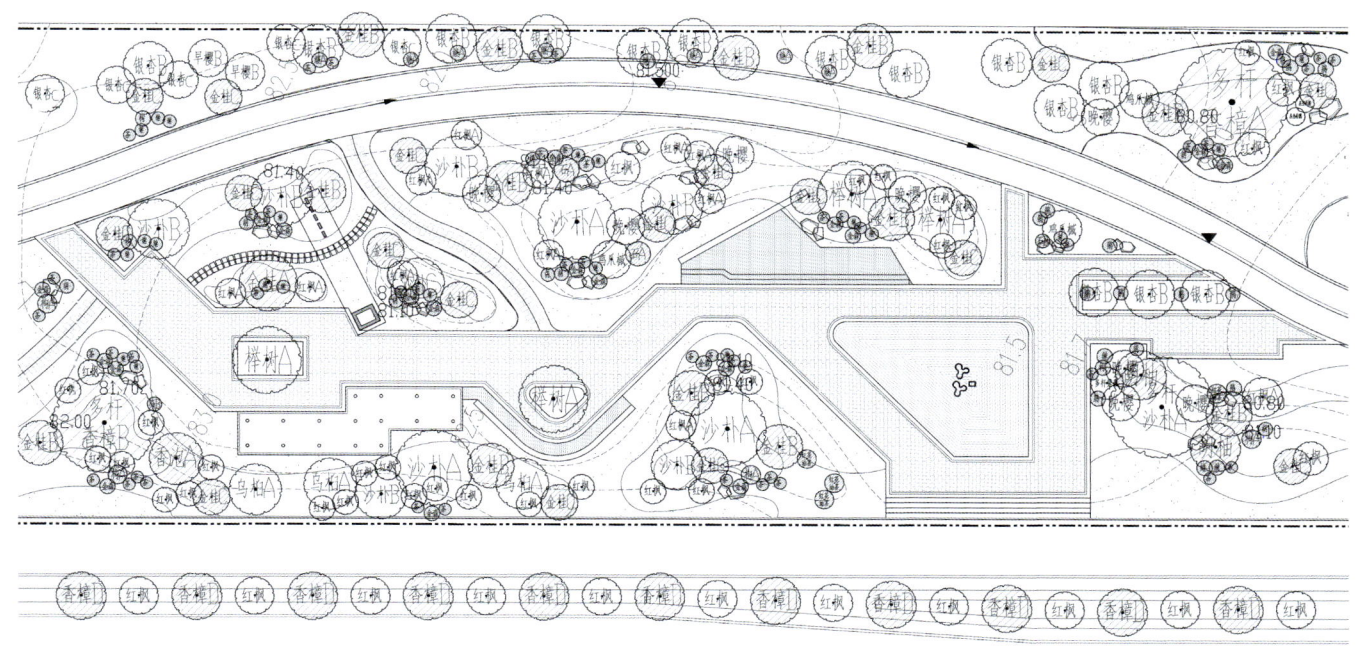

图 6.34 衢州锦西大道先师学林节点平面图

图 6.35 衢州锦西大道孝悌雅风节点实景

第一风景线——高速入城口景观规划设计 **125**

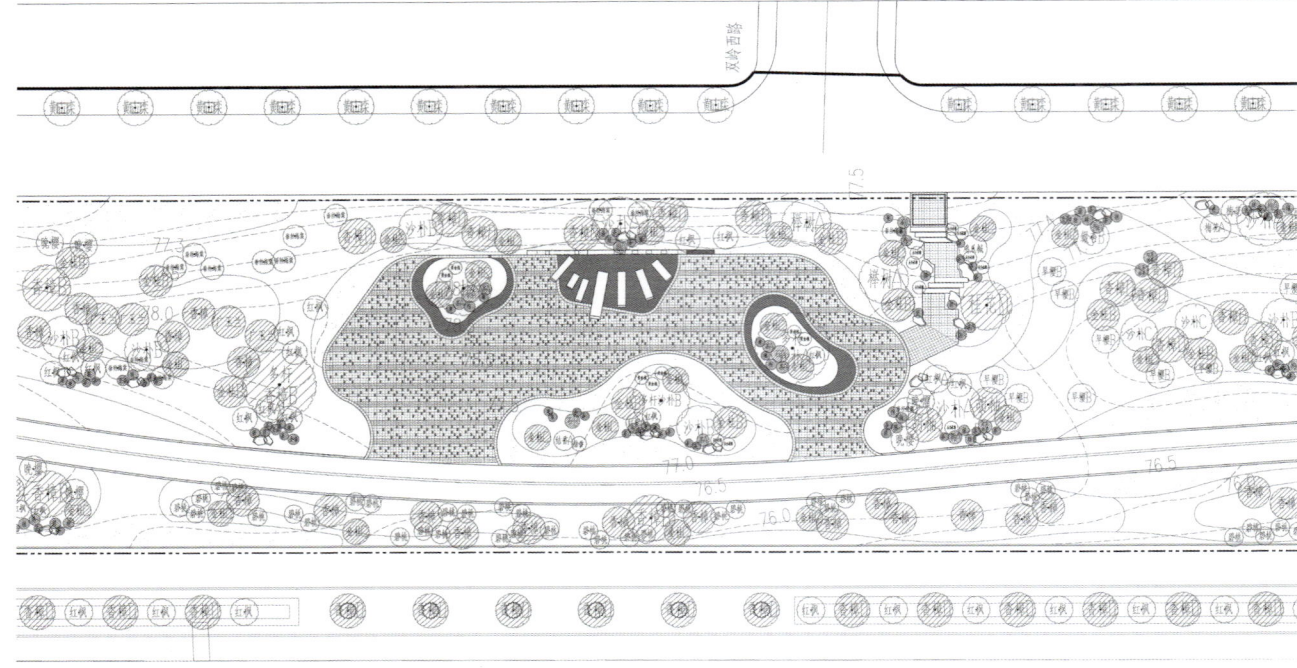

图 6.36 衢州锦西大道乐田锦绣节点平面图

图 6.37 衢州锦西大道红泥印墨节点实景

图 6.38 衢州锦西大道辅道景观实景

图 6.39 衢州锦西大道绿道实景

6.5 案例五：生态之门——金丽温高速丽水西入城口景观工程

项目地点：浙江省丽水市

设计时间：2013 年

建成时间：2015 年

委托单位：丽水市城市建设投资有限责任公司

用地面积：9.35 公顷

项目成员：茅惠惠、忻巧、汪洋、谭文禄、陈锋、傅睿、葛悦、庞立峰

6.5.1 项目概况

丽阳街高速路出入口连接线（金丽温高速丽水西入城口）位于丽水市莲都区，是城北东西向的交通主干道。西起丽水西高速路出入口收费站，东至溪口大桥西侧，全长约 2.5 公里（图 6.40）。

丽水西高速入城口四面环山，瓯江大溪从中间流过，山水自然环境良好。改造前丽水西入城口缺乏城市特色，场地与周围的环境没有形成衔接，且环境较显杂乱、景观品质较差、门户形象欠缺，与丽水"秀山丽水"的城市定位有一定的差距。沿线 2.5 公里的出入口连接线两侧呈现出郁郁葱葱的自然山体风貌（局部被采石破坏的山体），但欠缺层次与色彩变化，未能充分体现出迎宾景观带的氛围。

丽水入城口工程需要重点思考和解决山水环境和入城口的有机融合，打造以生态景观引入，与周边的自然山林景观相契合，链接城市道路、建筑及公共空间等景观，通过整合功能和空间形态关系，塑造以生态链接城市空间的丽水特色高速入城口形象。

6.5.2 规划设计

丽水山下环清溪，山峦连绵起伏，花繁树茂，郁郁葱葱，是典型的"九山半水半分田"的城市格局。设计结合丽水独特的山水文化，重生态、情态之"道"，以形态之"器"塑造以生态链接城市空间的入城口形象。以生态之门为主题，链接城市公共空间，整体定位为"秀山丽水、花团锦簇喜迎宾"，建立山水城市特征的城市入口形象，营造热情欢迎的入口迎宾氛围，塑造清晰的入口空间序列，体现开敞大气的入口印象，打造丽水西出入口迎宾大道，形成人与城市空间的互动。

图 6.40 金丽温高速丽水西入城口总体布局图

以自然山林特色引入，巧于因借，充分利用周边的生态景观同时，对周边的自然山林进行修复及林相改造，提升两侧的建筑外立面形象。沿线景观空间张弛有度、开合有序，并通过显露山林、雕细部、琢界面的设计手法，形成开放大气、景致恰当、自然生态与城市景观互生与共融的入城口景观。

设计以长途客运站为界，根据周边环境将整个入城口分为青山迎客段和城景掠影段，青山迎客段（收费站—桃山路）主要以展现自然山林特色的入城口形象为主，通过现状围合的山林空间，强化中心区域的景观特色，形成大尺度的入口空间，形成开阔且印象鲜明的入城口特色。围合视线焦点处布置"绿水青山就是金山银山"的景观置石及丽水的人文特色，下层以大面积花海环绕，给人以开敞的景观视野的同时，形成标志性的景观门户印象，凸显生态之门。城景掠影段（桃山路—溪口大桥）在体现速度景观的同时，加强城市景观印象，通过生态景观链接城市公共空间，沿线结合城市用地设置公共休憩空间，景点空间张弛有度、开合有序，形成如翡翠项链般点缀于青山绿水之中。景观特色打造上以丽水市树红豆杉作为背景；强调以基调树种为引导，沿线道路两侧的绿化以红豆杉、乌桕、黄山栾树作为色叶树种进行林相改造，提升季相景观；节点形成落英缤纷（樱花）、十里海棠（垂丝海棠、西府海棠、贴梗海棠等）、桂馥兰香（红玉兰、白玉兰、二乔玉兰等）等特色植物景观。整体景观通过点线面的大手笔设计手法，展现丽水的生态入口形象。

图 6.41　金丽温高速丽水西入城口鸟瞰图

6.5.3　工程建设及效果

丽水西入城口项目很好地融入了重生态、情态之"道"的设计理念，通过生态化的处理手法，打造一个融于生态自然之中的入户形象，项目建成后，提升了整体道路周边的绿化品质，为周边的环境带来了良好的生态效益，同时沿线绿带的改造提升及节点空间的设置，为周边居民带来了生活的便利。本次工程的建设成为丽水市入城口的一道靓丽风景线，为丽水共建"绿水青山就是金山银山"的城市形象增添色彩（图 6.41~图 6.46）。

图 6.42　金丽温高速丽水西入城口路侧景观效果图

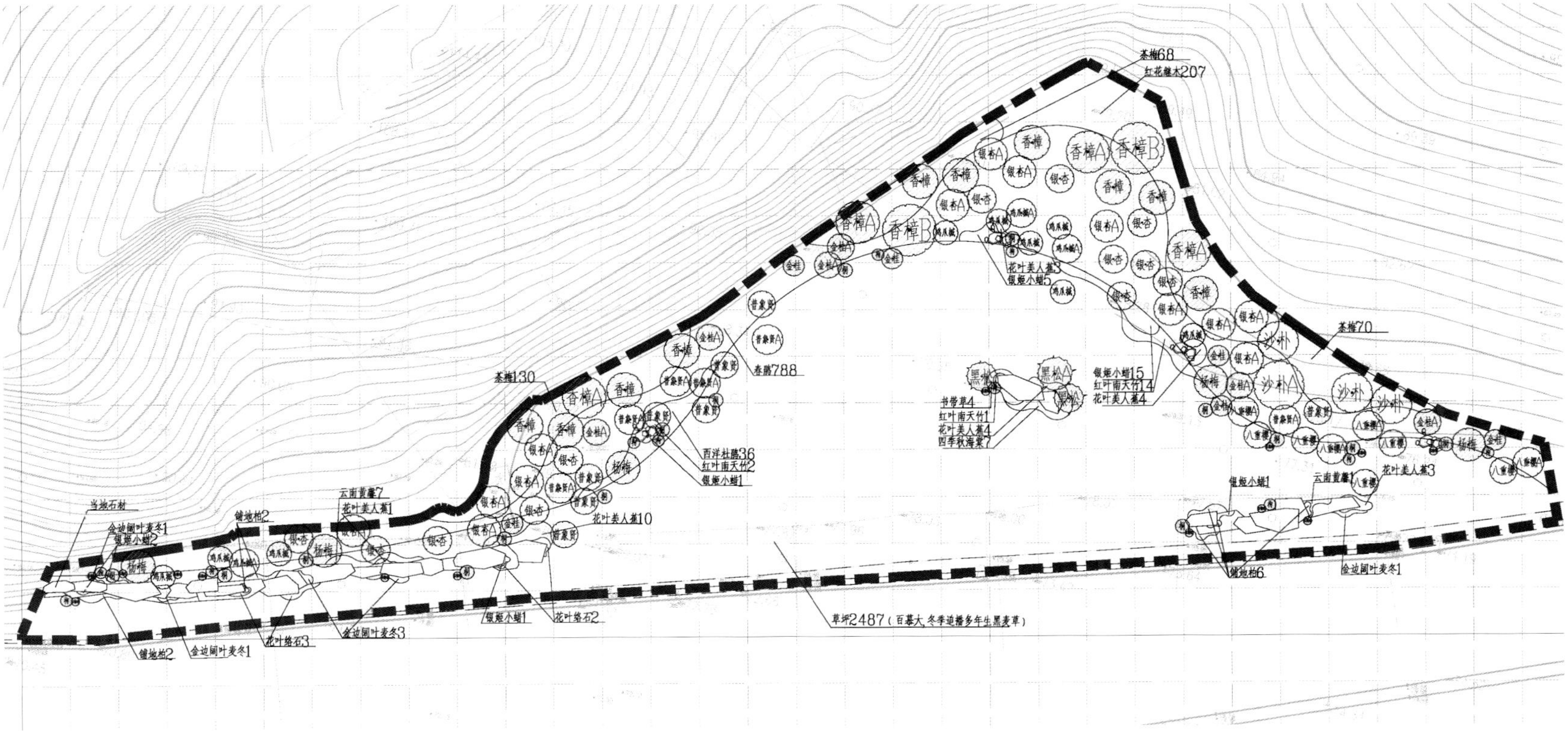

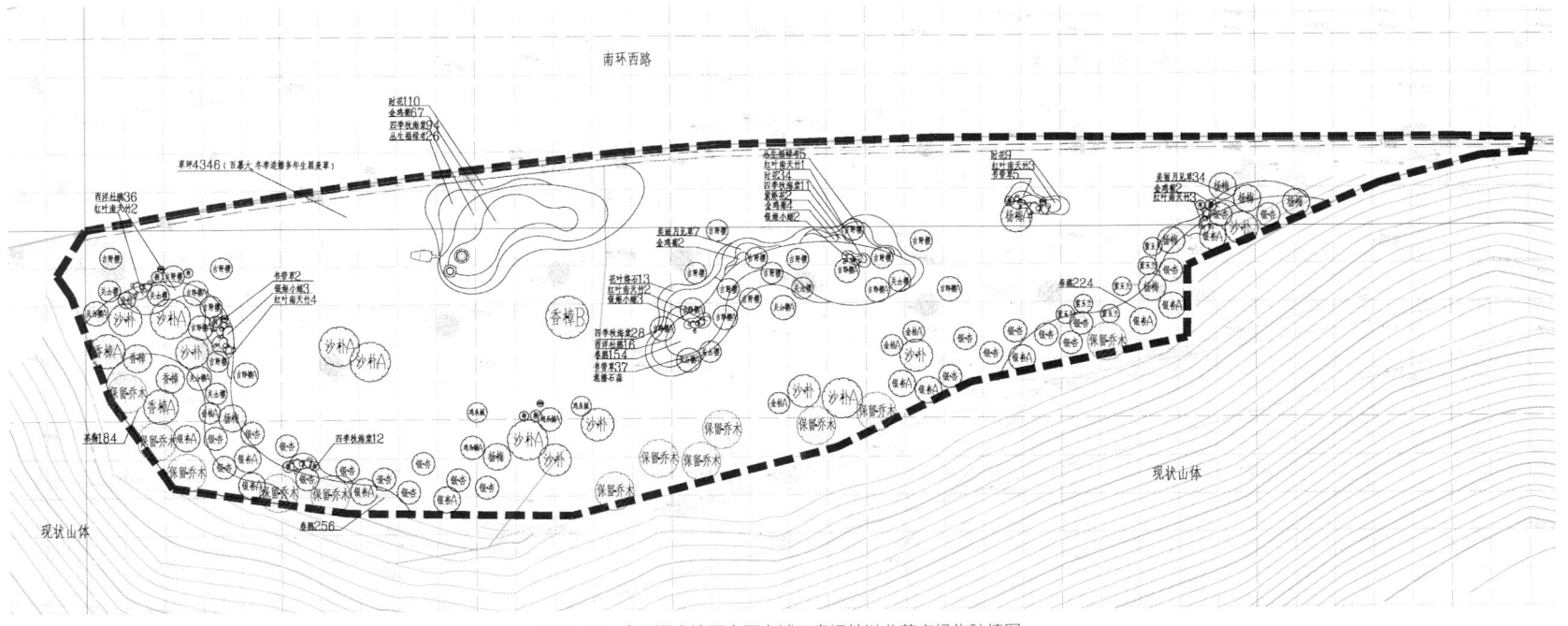

图 6.43 金丽温高速丽水西入城口老矿山绿地种植图

图 6.44 金丽温高速丽水西入城口客运站以北节点绿化种植图

第一风景线——高速入城口景观规划设计

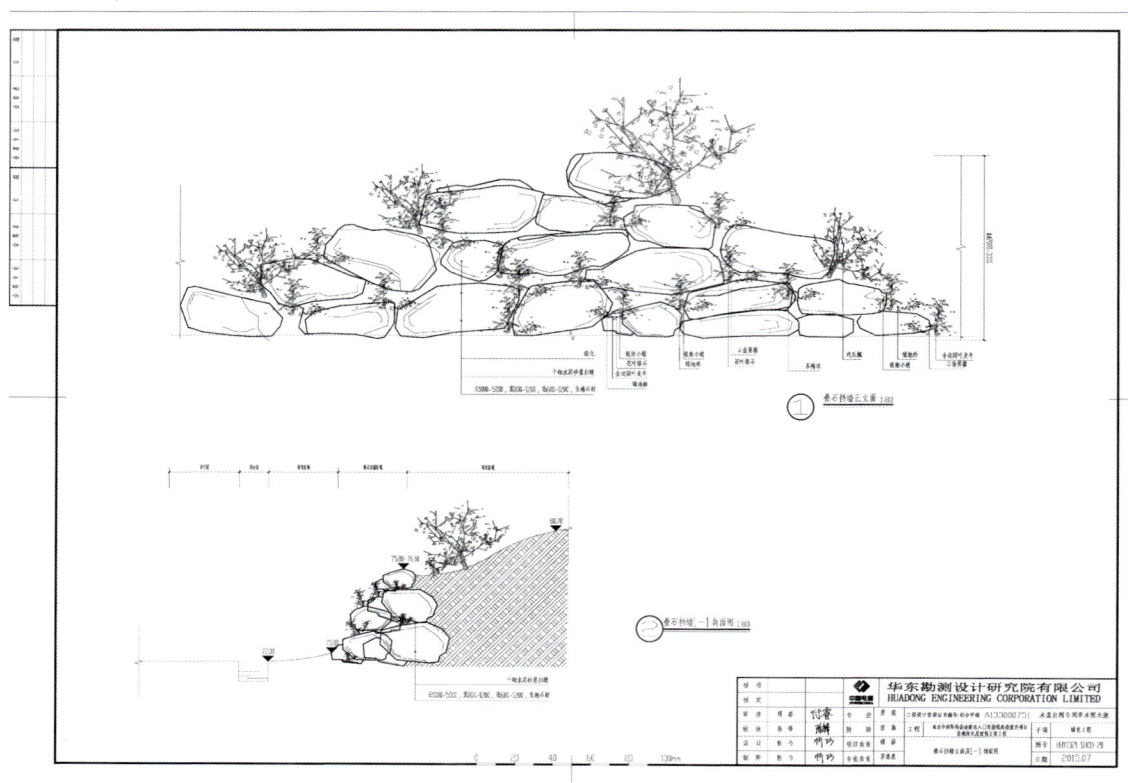

图 6.45　金丽温高速丽水西入城口叠石挡墙剖面图

图 6.46　金丽温高速丽水西入城口实景图

6.6 案例六：禅茶意境——杭长高速径山入城口景观工程

项目地点：浙江省杭州市余杭区

设计时间：2019 年

建成时间：2020 年

委托单位：杭州市余杭区公路管理处

用地面积：35 公顷

项目成员：陈锋、邹远怀、傅睿、汪洋、楼丽娜、张涛、王静、杨臻、俎海发、俞悦琦、庞立峰

6.6.1 项目概况

杭长高速径山入城口是杭州方向进入大径山最重要的入城口，占地 27 公顷，是大径山的第一印象，是杭州旅游西进战略的重要节点，也是杭州休闲旅游国际化战略中唯一可成规模储备控制发展地区。

改造前杭长高速径山入城口拥有广袤的茶园和农田，具有鲜明的特点，但存在着高速路与茶园、农田之间的绿地散布着杂乱的植被，以及收费大棚风格与周边环境格格不入，未能充分体现径山"禅茶意境"和"大径山乡村国家公园"特色。在"全域化、大旅游"战略统领"大径山乡村国家公园"的建设背景下，如何将杭长高速径山入城口打造成为具有"禅茶意境"第一印象。如何最大限度利用现状景观资源体现田园山景风貌。这将成为本次工程的设计重点（图 6.47）。

6.6.2 规划设计

大径山是藏于大山深处的瑰宝，拥有大尺度的"低丘缓坡、山谷茶园"独特生态景观资源。整治设计结合大径山"禅茶、山水、田园、竹林"等元素，围绕"大径山乡村国家公园"建设为契机，以"景"由天造，"境"由心生；感自然之气息、享绿色之慢行、品禅茶之心境为设计理念；通过茶园梳理、植物景观提升、文化元素植入等手法，在遵循径山田园山景风貌的前提下，以"全域景区公园概念"规划建设杭长高速径山入城口景观；使杭长高速径山入城口成为"大径山全域公园"最具径山气质的一部分。

以"资源整合、区域一体、师法自然"的景观设计手法与语言，借势借景。将农业、佛文化、禅茶文化贯穿整个城市入城口景观中。径山高速入城口景观以禅茶文化的感悟与体会为主线，演绎了从"缘起"直到寻找到"禅境"的沉浸式体验为构思，四段式空间体系：咫尺山林（封闭）—广袤茶田（开朗）—幽深山水（半封闭）—无际茶村（开畅）。咫尺山林：杭长高速互通区域内利用植物形成封闭、狭长、极具收束的空间，高低错落的树林代表径山山林；广袤茶田：收费站建筑前后形成豁然开朗的茶田，以茶山和远处的茶园作为大背景，茶山中散植高大色叶乔木、观花亚乔木；幽深山水：15 省道互通匝道利用、梳理原有水系和景观湖，根据空间和视觉流线适度打开空间，营造三面环林林中有池的半山半水空间格局；无际茶村：15 省道段做为径山入城口的终点充分借景茶山和远处的山村形成山、茶、村美丽画幅，体现"大径山全域景区公园"独特概念。

在具体设计中，注重现状景观资源的保留、梳理、提升以及对周边资源的借景利用，不再拘泥道路两侧景观整治提升，将入城口景观边缘模糊化，构建"无边界"的开放式景观，将周边能体现径山特色和气质的景观资源与人文资源，如禅茶、山水、田园、竹林、乡村优美的环境资源借景至本次设计中。设计采用前、中、远三个层次的景观：前景和中景为视觉焦点区域，远景为背景，衬托中景和前景。前景为草花、造型树、景石等组合形成自然、野趣的景观；中景为茶园、观花亚乔木和色叶大乔木；远景为一望无际的茶园和乡村构成的风景画。

在绿化植物设计中，在保留原有茶田的基础上，对现状的绿化进行梳理，注重春、秋两季季相变化。采用色叶树和多年生宿根花卉为主，收费站附近采用沙朴、日本早樱花结合景石、沙砾石形成精致组团；其余区域把原有的大规格银杏移后，丰富植物层次，在茶田的后侧加植大规格色叶树种，如银杏和沙朴形成梳林茶山。

收费站建筑以以径山寺正门建筑为设计思路来源。建筑采用宋式风格，筒瓦白墙，与径山寺风格一脉相承。建筑立面为三段式，中间高两边低，与径山寺的三段式建筑体量相呼应。在借鉴径山寺建筑特色的基础上，在结构形式和建筑材质上都进行了创新。建筑主体采用钢结构，屋面筒瓦材质为铜质（深色），斗拱为简化新式钢结构斗拱，建筑整体效果较简洁但又不失庄重大气。利用现代材料，再现传统建筑形式，体现"禅茶"意境。

梳理、利用场地内互通区和匝道周边原有的水系和景观湖，最大限度地实现雨水在此区域的积存、渗透和净化，促进雨水资源的利用和生态环境保护。需要时将蓄存的水"释放"并加以利用成为绿化浇灌用水（图 6.48）。

图 6.47 杭长高速径山入城口鸟瞰图（整治后）

图 6.48 杭长高速径山入城口设计意向手稿

6.6.3 工程建设及效果

从国家层面的第一个乡村国家公园到径山的全域化大旅游，杭州长高速径山入城口的门户自然是彰显径山的"禅茶第一镇"的风貌。在入城口构建高品质的生态梯田茶山作为基本骨架和大背景，借景周边优美的禅茶、田园、乡村等优美环境资源，构建"无边界"的入城口景观，在"感乡野之气息，享田园之乐趣，品禅茶之心境"理念基础上，将时代特征与禅茶文化相结合，以禅茶文化的感悟与体会为主线，构建"缘起—沉淀—体验—禅憩—禅境"等逐步沉浸式的体验空间，景观联动，生态优先。

同时径山入城口将农业景观空间与农耕文化、禅茶文化完全融入了入城口景观规划，且与大径山总体规划相结合，不但展示了乡村的景观和禅茶文化，更是将农业景观空间和独特的乡土人文意境以楔形深入到杭州市区，建设了一个理想的城乡融合、全域乡村公园的优秀案例（图6.49~图6.58）。

图 6.49　杭长高速径山互通绿化总平面图

图 6.50 杭长高速径山入城口鸟瞰效果图(一)

图 6.51　杭长高速径山入城口鸟瞰效果图（二）

图 6.52　杭长高速径山入城口鸟瞰实景

第一风景线——高速入城口景观规划设计

图 6.53　杭长高速径山入城口实景

图 6.54　杭长高速径山入城口改造后绿化实景（一）

图 6.55　杭长高速径山入城口改造后绿化实景（二）

第一风景线——高速入城口景观规划设计

图 6.56　杭长高速径山入城口收费站改造后实景

第一风景线——高速入城口景观规划设计　**145**

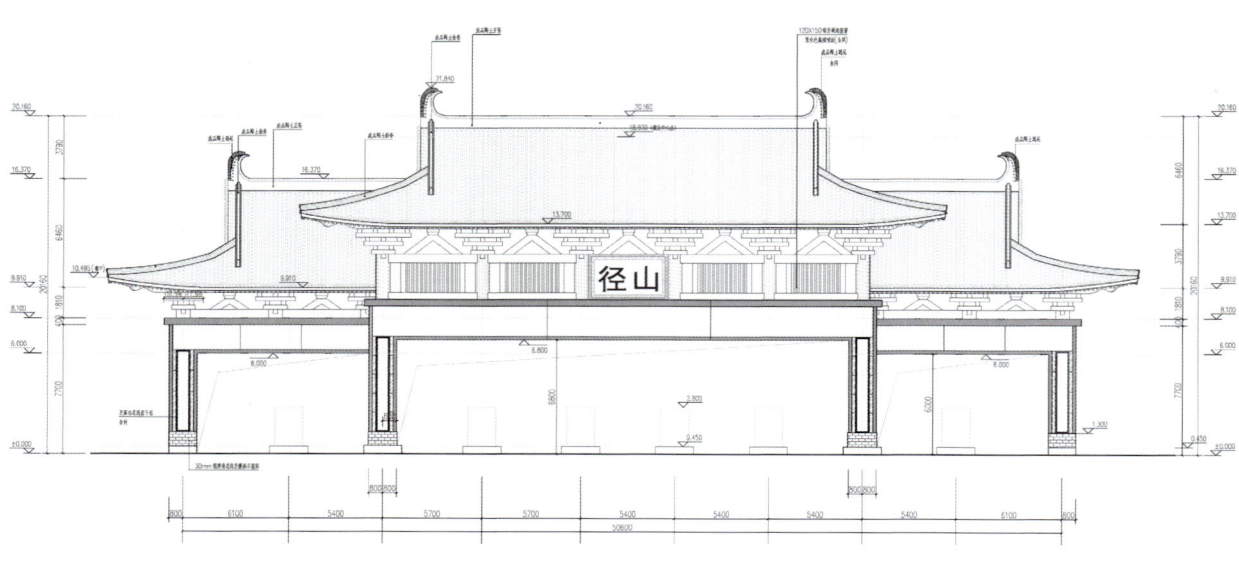
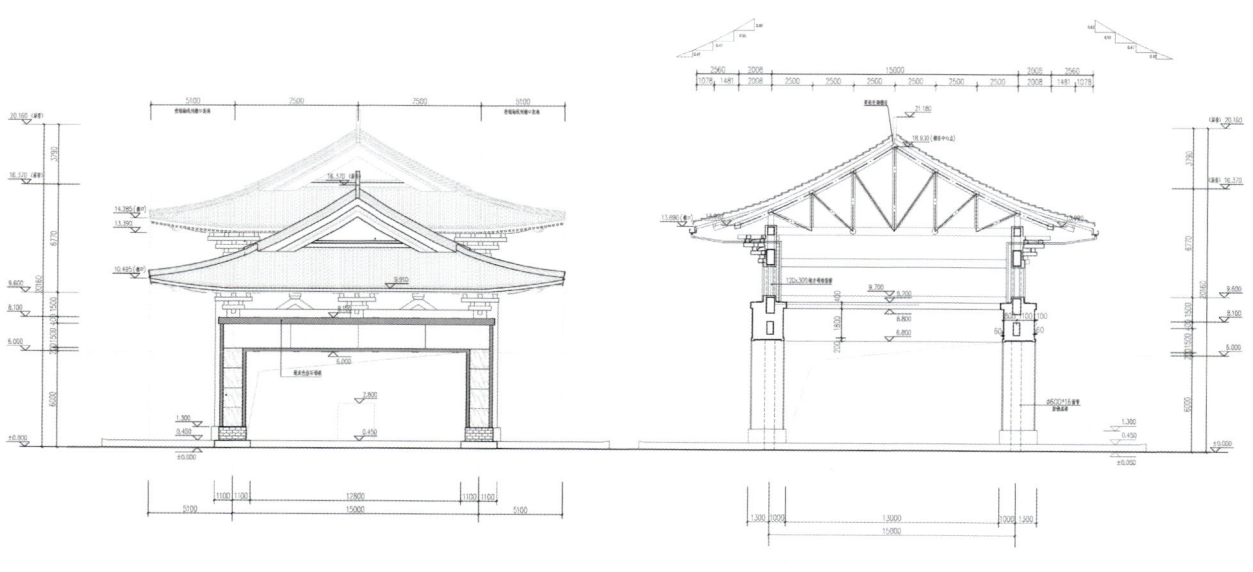

图 6.57 杭长高速径山入城口收费站改造立面图

图 6.58 杭长高速径山互通改造后的水系实景

7 高速入城口景观未来发展趋势与展望

通过以上论述可以看到，随着城市和高速公路的发展，高速入城口景观在城市建设中的重要性越来越突显。入城口景观设计是科学和艺术的结合体，高速入城口的标志性、文化性、速度性、生态性、经济性、多样性以及功能的综合性也已经成为参建各方关注的重点。当高速入城口景观面向未来时，必将注入新的时代发展印记。

7.1 个性与美学互补，共同展现城市综合形象

解决"千城一面"最重要的方法就是个性与美学互补，用艺术美强调和突出高速入城口的个性和城市形象将是未来景观设计追求的目标。

7.1.1 高速入城口是展示城市个性的关键

每个城市都有自己与众不同的地方，随着城市建设对城市形象和城市性格的要求越来越高，作为构成城市形象与意象的重要部分，高速入城口成为了城市建设的重中之重。因此，在高速入城口景观设计中，必须深入挖掘城市自身的形象和内涵，提炼城市的特殊品格和精神气质，在设计中借助表现城市特色和城市性格的各种手法，如轴线、视觉走廊、路径等，展示与表达出城市的个性，建设一个生态的、美观的、具有显著地域性的高速入城口景观。

7.1.2 景观艺术设计手法的应用将成为趋势

未来高速入城口景观的设计，将融合美学基本原理、景观艺术表现手法以及审美价值，更加注重艺术呈现方法的应用。

（1）未来高速入城口景观设计越来越追求艺术感，满足大众与时俱进的审美要求。

（2）未来高速入城口景观设计越来越追求景观艺术表现手法和设施构筑物的应用，遵循高速入城口景观设计的美学原理和设计原则，做到整体性和美观性兼备。

7.2 自然要素与文化特征协同发挥城市价值

未来高速入城口景观设计将更加注重使用自然元素和发展人文关怀，随着高速公路和经济的发展，自然性、生态性、人文关怀将成为人们新的追求，而自然元素和文化元素是高速入城口景观发挥生态性、自然性、人文关怀的基础。

7.2.1 自然元素的应用将成为趋势

（1）注重与自然的和谐。

自然元素是高速入城口景观设计的重要基础要素，只有自然的才是与环境最协调的，既可借景于自然山水之美，也可模拟自然本质之美。在高速入城口可以将秀美山川作为景观层次的远景引入，又可以在高速入城口模拟自然本质之美，即应用自然元素创造出模拟自然的景观，"源于自然而高于自然"。借景自然之美，关注大自然的意蕴，将大地景观尺度的自然景观与人为创作的景观相融合。因此，未来高速入城口景观设计将坚持与生态自然的和谐、共同发展，结合丰富多样的自然环境，展现出新的美感。

（2）更加注重自然元素的应用。

未来高速入城口景观的发展更加注重使用自然元素，如远山、湖泊河道等水体、现有植被、置石、具有一定审美价值的地形景观等，它是高速入城口景观设计的重要基础性要素，对构筑入城口景观风貌起到关键性作用，也是高速入城口景观发挥生态性和自然性的基础元素。

7.2.2 文化元素的应用将成为趋势

在高速入城口景观设计中，越来越重视文化元素的应用，在高速入城口景观中发掘并合理利用中国的古今文化，不仅能展示当地的文化，而且能赋予高速入城口独特的精神内涵和风格特点。

未来在高速入城口景观设计中，在融入中国的悠久历史文化的同时，还将发掘出新时代的新气象新文化。在展示古人留下璀璨文化的同时，还将融合当代和谐发展、蒸蒸日上的核心价值观文化和开阔高远的精神志向。

7.3 低碳和可持续发展成为核心理念

为了应对全球的气候变化，我国提出"二氧化碳排放力争于 2030 年前达到峰值，努力争取 2060 年前实现碳中和"，2019 年我国二氧化碳的排放量约占当年全球二氧化碳排放总量的 28%，碳排放量居世界第一位，高碳排放量一度让中国面临来自国内外的严峻压力，不仅对气候环境造成污染，也会对人体健康造成伤害。实现二氧化碳的"净零排放"，通过植树造林来抵消人为活动产生的二氧化碳是固碳的重要途径之一。也就是说，有规划地开展大规模植树造林活动，提升绿地吸附二氧化碳的能力，对于实现碳中和起着无可比拟的作用。我国提出了到 2030 年的新目标，其中森林蓄积量将比 2005 年增加 60 亿立方米。森林碳汇将在实现碳中和目标过程中扮演越来越重要的角色。

因此，高速入城口景观设计中需要增加绿量，坚持低碳环保和可持续发展的原则，以及人与自然环境的和谐统一，将成为高速入城口景观设计的核心理念。高速入城口将充分发挥生态自然的功能，应用低碳环保理念，积极使用新技术和新方法，例如雨水收集、水循环系统、清洁能源、智能化管理、灌溉维护、建立植物档案等。高速入城口景观设计将实现低碳，甚至是零碳和负排放，为碳中和目标做出应有的贡献。

7.4 多专业和功能的结合，充分融入城市大生态系统

高速入城口虽然是城市的有机组成部分，但由于高速入城口的复合性特征以及功能的多样性，其景观设计也涉及多个学科，如城市设计、美学、建筑学、园林学、城市规划等。以"天人合一"为总纲，以人的物质与精神需求为主要服务对象，进行多专业整合设计，集哲学、艺术、工程、生态、生活等要素为一体，不仅包含了美学、建筑学，还包含了环境学、城市规划、生态学、地理学、心理学、经济学等多种学科，综合表述当代人的审美趋势和生活诉求。

7.4.1 满足多功能需求

现阶段我国高速入城口大多以防护和通行功能为主，普遍存在参与性差、文化性低、展示性不足等问题，功能较为单一，缺乏与生态系统、交通系统及公共游憩系统的充分整合。在人们生活需求质变的当下，高速入城口景观面临着全新的机遇与挑战，土地资源需集约化地综合利用，传统单一的入城口功能将过渡到复合多元的城市功能集合。

迫切需要高速入城口提供多元化、高质量的公共开放空间，如可向公众免费开放大型运动场地，为不同年龄段的人群提供可参与性的各类活动场地，设计引发人们的共鸣与记忆的景致，或是开发农业生产功能等，这些都将成为高速入城口绿地里的基本要素。

7.4.2 综合的网络状系统

当前新冠病毒肺炎疫情促使人们更加认识到自然系统的重要性。未来的高速入城口将提高对人行系统、自然系统的关注度，弱化车行系统为主导的局面，加强多样化参与性功能的植入，满足多元化需求的网络状景观系统。高速入城口景观体系将是一个由绿地、郊野绿道体系、郊区公园体系、生态廊道及河道体系等共同构成的网络状系统。除此之外，体系中的绿地须强化生态多样性，形成交通廊道和蓝绿廊道并存、参与性内容合理且丰富的复合型网络体系。

7.4.3 城市印象的重要组成部分

随着高速公路的发展，高速入城口景观将成为城市印象的重要组成部分，也将越来越受到重视。高速入城口景观设计的统领性也会越来越强，将介入高速入城口建设的前期策划、规划、水利、市政、运营和建筑设计的全流程，与其他专业齐头并进，甚至在地形复杂、生态条件敏感的地域担当起多专业整合者的责任。

7.5 乡村振兴和城乡一体化发展的重要助力

高速入城口是人流、物流、信息流的汇集地，是经济发展的活跃点，技术、资金、人流的集中为城乡一体化发展带来了机遇。

7.5.1 高速入城口景观建设将加速城乡一体化

高速入城口位于城乡交界处，是城乡融合发展的连接点，城乡一体化是实现乡村振兴的具体途径，也是改变我国城乡二元结构的有效策略。在社会发展战略上把城市、农村视为一个整体，使城乡协调发展、共同繁荣，城乡差别逐渐消失，最终融为一体。

高速入城口景观的土地集约高效综合利用，除了担负物质、能量、信息交流出入口的汇集与疏散功能，交织了居住、工业、交通枢纽、商业、农业、旅游、办公、娱乐、自然生态用地等多种功能外，还能带动高速入城口区域城乡经济的发展，满足人们多层次的心理需求，为城乡文化交流、城乡社会活动、城乡居民生活提供了便捷和理想的平台，是城乡紧密衔接的第一站，是城乡融合的先行区。

7.5.2 农业景观的应用将加速城乡一体化

农业景观兼具生产价值、休闲价值与美学价值，对于保护农业用地、缓解城市建设与农业的矛盾具有独特的价值和效果。在当前严峻的耕地面积减少、粮食危机的背景下，农业景观将成为高速入城口设计的首要选择。

高速入城口位于城乡交界地段，是城乡建设中最为活跃的结合点，是展示城市形象，呈现城市社会、文化信息和城市意象的第一道风景线，人流、物流、能量以及信息流最为频繁。同时，高速入城口的土地性质也极为复杂和敏感，其土地有居住、商业、农业、产业及绿化用地，以及其他农用地、建设用地等，绿化用地在有限的前提下，既是连片的农业生产空间，也是城市绿色廊道系统的关键连接点。因此，高速入城口是构建"线状城市农业"的首选地块，从这里开始以楔形向城市延伸，连接城市空间，既可拓展、丰富常规的城市景观，提供游憩、教育、娱乐健身等多种体验式活动的场所，还能构建出新型的食物供应系统。同时，在高速入城口构建农业景观空间，实操性强，展示和引领效果突出，既可丰富常规的城市景观，又能展示城市特色和农耕文化，在有效推动城市农业发展的同时，一定程度上顺应城市居民体验和参与田园牧歌式农耕生活的渴望，营造出优美的田园疗愈景观。

农业景观的应用更能彰显高速入城口的标识性、文化性、生态性，更能展示城市的农耕文化。未来，农业将作为一种景观形态不断融入到高速入城口景观设计和建设的实践中，创建出新的人地和谐关系，使人们更加亲近自然、认识自然、参与自然。农业景观在高速入城口的应用将会打造出新的文化地标，成为构建农业景观空间的一个亮点。

7.6 智能化和数字化的高速入城口景观

智能化和数字化是现代人类文明发展的趋势，随着5G技术在智慧高速公路上的应用，高速入城口景观和景观设计方法都会随之发生翻天覆地的变化。

7.6.1 高速入城口的景观设计将走向更精准的数据化设计

目前，遥感技术在高速入城口景观研究中的使用日趋成熟，已在土地利用变化诊断、地形设计与相关预测（如排水）、生态系统服务评估等方面开展了大量工作，为高速入城口大尺度定量评估研究提供了便利，VR和AR技术使人们能够直观地参与和理解数字环境，利用物联网数据实时监测并管理高速入城口的生态环境，利用无线电识别技术、传感网络技术等构建入城口绿地管理信息数据库，这些新技术对高速入城口场地以及人文环境的理解达到了定量化的分析，从而更加精确地认知与理解场地环境，景观也就走向了更精确的数据化设计。

7.6.2 智能化和数字化将涵盖高速入城口景观的全过程

智慧高速公路将为人类提供便捷、舒适、安全的通行环境。同时，高速入城口的景观设计也将更多地应用智能化和数字化的设计手法，而智能化和数字化将涵盖高速入城口景观的规划设计、施工建设和运维的全过程，不仅使入城口的景观、标识和设施将更加智能化、精准化和人性化，而且智慧化的服务和引导功能、全方位的智慧信息，将为人们带来多维感受，产生更加深刻的城市印象，实现高速入城口规划、建设、管理、运维全生命周期全过程的智慧化应用。

参考文献

[1] 颜强. 城变——迎 G20 峰会杭州入城口综合整治纪实 [J]. 杭州（周刊），2016（9）：42-47.

[2] 成实，成玉宁. 生态与生存智慧思辨——兼论海绵城市的生态智慧 [J]. 中国园林，2020，36（6）：13-16.

[3] 李春梅，陶雷平. 城市入口景观设计初探 [J]. 中国园林，2001（3）：39-41.

[4] 钟宁. 公路绿化与景观设计发展趋势研究 [J]. 重庆交通学院学报，2007（2）：114-116，130.

[5] 俞娟. 高速路入城口景观规划设计——以婺城路段（迎宾大道——赤松镇段）为例 [J]. 中国住宅设施，2017（3）：32-33，19.

[6] 王浩，等. 城市道路绿地景观设计 [M]. 南京：东南大学出版社，1995.

[7] 徐悦，张磊. 城市景观的文化价值与城市形象塑造 [J]. 美术教育研究，2018（23）：52-53.

[8] 何平. 城市快速路出入口设置研究 [J]. 工程技术研究，2019，4（23）：15-16.

[9] 方晶晶，朱天明，吴仁武. 城市道路绿地植物景观改造设计——以宁海县桃源北路迎宾大道改造为例 [J]. 农业科技与信息（现代园林），2012（6）：34-40.

[10] 赵涛. 城市入口景观设计初探——常熟城市入口景观设计特色 [J]. 建设科技，2003（Z1）：84-87.

[11] 董贺轩，卢济威，胡嘉渝. 解析现代城市入口 [J]. 新建筑，2005（1）：18-21.

[12] 桑子俞，胡炜霞. 景观生态视角下的城市形象塑造研究——以山西省临汾市为例 [J]. 云南科技管理，2019，32（2）：24-27.

[13] 潘海. 论高速公路景观设计 [J]. 重庆交通学院学报，1998（3）：3-5.

[14] ALEXANDERETCC. A New Theory of Urban Design[M]. Oxford：Oxford University Press，1987.

[15] 范榕. 城市门户景观设计研究 [D]. 合肥：合肥工业大学，2008.

[16] 田玉姣. 基于城市形象设计的城市入口形态探究 [D]. 合肥：合肥工业大学，2012.

[17] 范存星，谢翠琴. 中国传统景观建筑与国外景观建筑比较辨析——以法国的凯旋门与明清的牌坊为例 [J]. 内蒙古科技与经济，2007（19）：107-108.

[18] 张丹丹. 城市入口形象景观改造提升的研究与实践 [D]. 咸阳：西北农林科技大学，2017.

[19] 卢德. 浅析高速路入口景观规划设计——以晋江市晋新路仙石至鹏头段两侧绿道工程设计为例 [J]. 江西建材，2017，13：189-190.

[20] 周国英. 高速路入口景观规划设计中地域文化应用分析——以景德镇市浮梁县三贤湖公园路段设计为例 [J]. 低碳世界，2016，35：265-266.

[21] 柳柯. 入城道路绿化空间营造 [D]. 杭州：浙江大学，2013.

[22] ED 培根. 城市设计 [M]. 黄富厢，译. 北京：中国建筑工业出版社，1989.

[23] 肖媛媛. 入城口空间形态探究 [D]. 哈尔滨：东北林业大学，2007.

[24] 凯文·林奇. 城市意象 [M]. 方益萍，译. 北京：华夏出版社，2001.

[25] 张新辉，陈明. 浅析提升城市入口景观地域特色的方法 [J]. 大众文艺，122-123.

[26] 沈洪堂. 海绵城市建设在城市道路建设中的应用与分析 [J]. 绿色环保建材，2020（8）：112-113.

[27] 庞金翠. 海绵城市建设在市政道路中的应用 [J]. 山西建筑，2020，46（16）：155-157.

[28] 芦原义信. 外部空间设计 [M]. 尹培桐，译. 北京：中国建筑工业出版社，1985.

[29] 芦原义信. 街道的美学 [M]. 尹培桐，译. 天津：百花文艺出版社，2006.

[30] 凯文·林奇. 城市形态 [M]. 林庆怡，译. 北京：华夏出版社，2001.

[31] 克莱尔·库珀·马库斯，卡罗琳·弗朗西斯. 人性场所：城市开放空间设计导则 [M]. 俞孔坚，译. 北京：中国建筑工业出版社，2001.

[32] C 亚历山大. 城市设计新理论（精）[M]. 陈治业、童丽萍，译. 北京：知识产权出版社，2002.

[33] 麦克卢斯基. 道路型式与城市景观 [M]. 卢绍曾，译. 北京：中国建筑工业出版社，1992.

[34] 扬·盖尔. 交往与空间 [M]. 何人可, 译. 北京: 中国建筑工业出版社, 2002.

[35] 克利夫·芒福汀. 街道与广场 [M]. 张永刚, 陈卫东, 译. 北京: 中国建筑工业出版社, 2004.

[36] 成砚. 媒质中的城市空间——一种新的城市空间研究方法及其在历史街区改造中的应用 [J]. 世界建筑, 2002(2): 72-77.

[37] 冯宜冰. 风景园林设计实践的传统理法思考 [D]. 北京: 北京林业大学, 2010.

[38] 骆明星, 韩阳瑞, 李星苇. 园林景观工程 [M]. 北京: 中央民族大学出版社, 2018.

[39] 舒沐晖, 邢忠. 现代"城市门户"再解析 [J]. 华中建筑, 2007, 25(10): 44-46.

[40] 钟宁. 公路绿化与景观设计发展趋势研究 [J]. 重庆交通大学学报(自然科学版), 2007, 26(2): 114-116, 130.

[41] 余柏椿. 略论城市"门景"的审美主题 [J]. 建筑学报, 2004(9): 25-27.

[42] 顾朝林. 中国城市地理 [M]. 北京: 商务印书馆, 2002.

[43] 刘志斌. 民俗文化对城市形象的构建与传播研究 [D]. 武汉: 华中师范大学, 2018.

[44] 彭晓川. 论文化塑造城市形象 [J]. 黑龙江社会科学, 2019(4): 31-35.

[45] 季军. 看看别人家的高速路 [J]. 商业文化, 2015(29): 74-77.

[46] 胡玥. 高速公路绿化设计研究 [J]. 工程技术研究, 2016(5): 195-254.

[47] 陈钒, 陈晓杰; 潘思彤, 等. 地域文化在高速路入口景观规划设计中的应用研究 [J]. 大众文艺, 2019(18): 94-96.

[48] 王宇飞. 沪昆高速株洲东入口长株潭高速株洲北入口景观设计 [D]. 株洲: 湖南工业大学, 2017.

[49] 李石磊. 杭州市淳安县千岛湖入城口美化提升工程 [J]. 建筑设计, 2018(28): 75.

[50] 董海燕, 金敏丽, 王剑艳. 杭千高速入城口防护林设计中森林意境的体现 [J]. 福建林业科技, 2011, 38(6): 144-145.

[51] 张俊彦. G20紫金港入城口综合整治工程全流程景观设计 [J]. 中国园艺文摘, 2016, 32(12): 107-113.

[52] 陈甜甜. 南京市入口区绿化景观研究 [D]. 南京: 南京林业大学, 2011.

[53] 程晓山. 浅谈城市入口道路绿地景观序列——岳阳大道绿化景观设计 [J]. 广东园林, 2003(2): 19-22.

[54] 吴少华. 秦文化在西安入口景观中的设计应用研究 [D]. 西安建筑科技大学, 2019.

[55] 黄倩. 周文化在西安城市西入口景观设计中的应用研究 [D]. 西安: 西安建筑科技大学, 2019.

[56] 陈锦程. 基于地域文化的高速出入口景观设计探究——以开封连霍高速出入口广场景观设计为例 [J]. 现代园艺, 2019(8): 58-59.

[57] 刘涛. 汉文化在西安城市入口景观设计中的应用研究 [D]. 西安: 西安建筑科技大学, 2019.

[58] 刘靖. 唐文化在大西安城市南入口景观设计中的应用研究 [D]. 西安: 西安建筑科技大学, 2019.

[59] 李石磊. 杭州市淳安县千岛湖入城口美化提升工程 [J]. 城市建设理论研究(电子版), 2018(28): 75.

[60] 俞娟. 高速路入城口景观规划设计——以婺城路段(迎宾大道—赤松镇段)为例 [J]. 中国住宅设施, 2017(3): 32-33, 19.

[61] 王超. 城市道路景观改造提升形式探讨——以杭州G20国际峰会为契机的杭州西兴互通和彭埠入城口景观改造为例 [J]. 现代园艺, 2017(13): 118-119.

[62] 张瑞, 严军, 芦翠萍. 基于地域文化的城市入口景观设计探究——以马鞍山采石矶高速出入口为例 [J]. 哈尔滨师范大学自然科学学报, 2017, 33(3): 119-122.

[63] 孔曼儒. 城市出入口大道园林景观设计的研究 [D]. 合肥: 安徽农业大学, 2017.

[64] 郭妍. 城市门户景观设计研究 [D]. 西安: 西安建筑科技大学, 2016.

[65] 杨寅. 城市入口地段道路景观设计 [J]. 黑龙江交通科技, 2016, 39(4): 36-37.

[66] 叶中华. 解析2016中国智慧城市发展新趋势 [N]. 中国城市报, 2016-2-22(17).

[67] 李佳. 河南武陟老城区城市入口空间景观设计 [J]. 农业科技与信息(现代园林), 2015, 12(3): 213-217.

[68] 侯月萍. 合肥四里河路段城市北部出入口研究 [D]. 合肥：合肥工业大学，2014.

[69] 宋立新，吴群. 浅谈城市入口景观设计——以安仁县城市南入口景观设计为例 [J]. 艺术与设计（理论），2014（Z1）：57-59.

[70] 余然. 公路城市入口空间设计浅析——以舞钢市武功社区规划为例 [J]. 福建建筑，2013（7）：95-97.

[71] 何雅莉. 基于多元性、生态性、交互性的城市入口景观设计 [J]. 安徽建筑，2013，20（3）：17-18，125.

[72] 杨惠中. 城市出入口道路绿地景观规划设计研究 [D]. 合肥：安徽农业大学，2013.

[73] 侯经华. 呼和浩特市入口景观现状调查与优化研究 [D]. 呼和浩特：内蒙古农业大学，2013.

[74] 解虎，鲍玮. 基于系统论方法的城市入口道路景观设计探讨 [J]. 科技创新导报，2013（15）：121.

[75] 张新辉，陈明. 浅析提升城市入口景观地域特色的方法 [J]. 大众文艺，2013（9）：122-123.

[76] 徐传俊. 基于动态视角下的西安城市门户空间发展研究 [D]. 西安：西安建筑科技大学，2013.

[77] 杨虎，翁晓龙. 城市门户空间的体系研究——以宁波中心城为例 [J]. 上海城市规划，2012（4）：70-76.

[78] 来朝旭. 浅谈城市公路入口空间设计 [J]. 华中建筑，2012，30（7）：105-108.

[79] 来朝旭. 城市公路交通门户地区景观设计——以榆林市西门户景观设计为例 [J]. 安徽农业科学，2012，40（14）：8188-8190.

[80] 徐云鸿. 南宁市壮锦大道城市入口景观设计探讨 [J]. 广西城镇建设，2011（9）：21-25.

[81] 白秋凤. 西安城市门户景观设计的地域特色研究 [D]. 西安建筑科技大学，2011.

[82] 芦建国，陈甜甜. 南京市入口地段绿化树种综合评价 [J]. 林业科技开发，2011，25（1）：131-134.

[83] 郑爽. 初探城市特色景观塑造——以北京道路交通入口地段规划设计为例 [A]// 北京园林学会、北京市园林绿化局、北京市公园管理中心.2010北京园林绿化新起点 [C]. 北京园林学会、北京市园林绿化局、北京市公园管理中心：北京园林学会，2010：5.

[84] 符禾. 城市入口道路景观设计 [J]. 南方农业（园林花卉版），2010，4（5）：35-39.

[85] 郑素兰. 城市入口区域道路景观设计浅析 [J]. 漳州师范学院学报（自然科学版），2010，23（2）：123-127.

[86] 刘西. 山地城市门户空间设计研究 [D]. 西安：西北大学，2010.

[87] 陈晨. 六安城市入口道路绿化设计浅谈 [J]. 安徽林业，2010（2）：29-30.

[88] 鲍沁星，陈楚文. 浅论城市入口道路植物景观设计——以义乌市机场路绿地景观设计为例 [J]. 四川林业科技，2009，30（5）：108-110.

[89] 郑素兰，李丽凤. 中小城市城市道路入口景观设计特殊性的研究 [J]. 漳州师范学院学报（自然科学版），2009，22（1）：94-96.

[90] 黄烁. 城市入口形象设计理念的创新及实例评析 [J]. 中南林业科技大学学报（社会科学版），2009，3（2）：69-72.

[91] 王琳. 城市入口地段道路景观设计 [J]. 城市问题，2008（9）：21-23.

[92] 舒沐晖，邢忠. 现代"城市门户"再解析 [J]. 华中建筑，2007（10）：44-46.

[93] 黄烁. 城市入口形象研究 [D]. 长沙：中南大学，2007.

[94] 卢济威，王一，董贺轩. 浙江丽水城市入城口 [J]. 世界建筑导报，2006（7）：26-31.

[95] 郑素兰. 中小城市道路入口景观规划设计的研究 [D]. 福州：福建农林大学，2006.

[96] 李孜孜. 城市入口地段设计探讨及实践——台州市黄岩区北入口地段规划设计 [J]. 浙江建筑，2006（1）：1-3.

[97] 余柏椿. 系统·选择·控制——佛山城市入口景观规划优化策略 [J]. 规划师，2005（11）：30-35.

[98] 陈剑宇. 城市入口空间形态研究 [D]. 武汉：华中科技大学，2005.

[99] 吴爱文. 安庆市北入口城市设计构思 [J]. 安徽广播电视大学学报，2004（3）：126-128.

[100] 王少丽. 城市入口地段道路景观设计 [J]. 华中农业大学学报（社会科学版），2004（1）：57-59.

[101] 崔超，张荣超，毛翊天. 杭州彭埠入城口高架道路绿化景观设计 [J]. 中国园林，2016，32（10）：35-39.

[102] 李瑞琪，杨帆. 沈阳丹阜高速路入城口景观规划设计 [J]. 美苑，2015（S1）：146.

[103] 秦建中. 杭州市萧山区城市入城口景观提升设计 [J]. 中华民居（下旬刊），2014（10）：88-89.

[104] 曹怡春，王黎明. 杭新景高速公路延伸段（之江大桥）工程绿化景观设计 [J]. 公路交通科技（应用技术版），2012，8（12）：62-63.

[105] 彭峰，汪洋，胡高鹏. 源于历史脉络，融合地域特色的景观设计研究——云南楚雄彝族自治州城市入城口设计案例分析 [J]. 农业科技与信息（现代园林），2011（6）：51-54.

[106] 卢济威，王一，董贺轩. 丽水市城市入城口城市设计 [A]// 中国城市规划学会. 城市规划面对面——2005 城市规划年会论文集（下）[C]. 北京：中国城市规划学会，2005：5.

[107] 林彦珉. 城市主要入城道路景观设计 [D]. 南昌：江西农业大学，2018.

[108] 刘董欢，黄玉上，李帅，等. 基于地域文脉的城市入口道路景观设计——以河南宝丰县 X030 时肖线道路升级景观设计为例 [J]. 天津农业科学，2018，24（3）：86-90.

[109] 朱炫霓，沈守云，张文妍. 生态学语境下的城市入口道路景观设计——以鹰潭市梅园大道景观提质改造为例 [J]. 绿色科技，2014（2）：67-70.

[110] 范柯柯，刘江，兰婧娴. 文化、历史、景观的融合——河南陕县东入口景观规划 [J]. 林业科技情报，2013，45（4）：96-98.

[111] 孟羽嘉. 地貌特征引导下的道路景观设计探讨——以新疆阿勒泰市恰秀路为例 [J]. 现代城市，2019，51（2）：29-31.

[112] 陈从周. 说园 [M]. 上海：同济大学出版社，2007.

[113] 丁绍刚. 风景园林·景观设计师手册 [M]. 上海：上海科学技术出版社，2009.

[114] 许先升，冯丽. 园林设计初步 [M]. 北京：中国林业出版社，2018.

[115] 郑阳，郑明. 景观艺术设计 [M]. 济南：山东大学出版社，2011.

[116] 公伟，武慧兰. 景观设计基础与原理 [M]. 北京：中国水利水电出版社，2011.

[117] 杨至德. 风景园林设计原理 [M]. 武汉：华中科技大学出版社，2015.